Richard Stöss

Die »Republikaner«

Woher sie kommen
Was sie wollen
Wer sie wählt
Was zu tun ist

Vorwort: Ernst Breit

Zweite, überarbeitete und erweiterte Auflage

Bund-Verlag

CIP-Titelaufnahme der Deutschen Bibliothek

Stöss, Richard:
Die »Republikaner«: woher sie kommen; was sie wollen; wer sie wählt; was zu tun ist / Richard Stöss. Vorw.: Ernst Breit. – 2., überarb. u. erw. Aufl. – Köln: Bund-Verl., 1990
    ISBN 3-7663-2198-6

© 1990 by Bund-Verlag GmbH, Köln
Lektorat: Gunther Heyder
Herstellung: Heinz Biermann
Umschlag: Kalle Giese, Overath
Satz: Satzbetrieb Schäper GmbH, Bonn
Druck: Ebner Ulm
Printed in Germany 1990
ISBN 3-7663-2198-6

Inhalt

5

Kapitel 3
Wer sie wählt:
Anhänger und Erfolgsursachen der Republikaner 87

Kapitel 4
Was zu tun ist:
Maßnahmen gegen die Republikaner 111

ERNST BREIT
VORSITZENDER DES DEUTSCHEN GEWERKSCHAFTSBUNDES

Vorwort

Die Wahlerfolge rechtsextremer Parteien bei der Wahl zum Berliner Abgeordnetenhaus, bei den hessischen Kommunalwahlen, bei der Wahl zum Europäischen Parlament sowie bei den Kommunalwahlen in Nordrhein-Westfalen und Baden-Württemberg haben in der Bundesrepublik Deutschland und im Ausland Erschrecken und Betroffenheit ausgelöst.

Das Wiederaufflackern von Ressentiments, Nationalismus und dumpfer Ausländerfeindlichkeit, die plötzliche Anziehungskraft von Verführern, die vermeintlich einfache Lösungen anbieten, waren für viele überraschend, obwohl Studien im Jugendbereich bereits Anfang der achtziger Jahre deutliche und warnende Befunde erbracht hatten.

Der DGB hat zwar immer wieder auf ein nennenswertes rechtsextremes und ausländerfeindliches Potential aufmerksam gemacht, die DGB-Jugend hat zusammen mit der Jugendzeitschrift »ran« die Aktion »Mach meinen Kumpel nicht an« mit Erfolg durchgeführt – trotzdem können auch wir nicht von uns behaupten, wir seien auf die neue Situation vorbereitet. Wir müssen zur Kenntnis nehmen, daß auch die Zugehörigkeit zu einer Gewerkschaft nicht gegen den rechtsradikalen Bazillus immunisiert.

Nicht nur Neonazis, die früher der NPD oder DVU anhingen,

nicht nur Mittelständler, die sich durch die EG verunsichert fühlen,

nicht nur Kleinbürger, die nicht mehr an die politische Kompetenz der großen Parteien glauben,

9

sondern auch Facharbeiter, die auf das von ihnen Erreichte stolz sind und es durch die ausländische Konkurrenz bedroht sehen, und Arbeitnehmerinnen und Arbeitnehmer am unteren Ende der Lohnskala, die sich sozial vernachlässigt und politisch ausgegrenzt fühlen, haben die »Republikaner« gewählt.

Allen gemeinsam ist ein wachsendes Mißtrauen gegenüber den etablierten Parteien und die Vorstellung, unsere Nation würde von Asylsuchenden, Über- und Aussiedlern sowie ausländischen Arbeitnehmerinnen und Arbeitnehmern übervorteilt, überfordert und bedroht.

Die Gewerkschaften sind ganz besonders gefordert, ein weiteres Vordringen der Rechtsextremisten zu verhindern, sind doch bei weiteren Erfolgen der extremen Rechten ihre Wirkungsmöglichkeiten unmittelbar bedroht.

Die Gewerkschaften müssen deutlich machen, daß die Rechtsextremisten eine Gefahr für unseren demokratischen und sozialen Rechtsstaat sind, weil sie die Tarifautonomie abschaffen und das politische Mandat der Gewerkschaften eingrenzen wollen.

Darüber hinaus müssen wir zeigen, daß nicht nur die Rechte von Arbeitnehmern auf dem Spiel stehen, sondern auch das friedliche Zusammenleben mit Minderheiten, die Gleichberechtigung der Frau, die europäische Einigung und der Frieden mit unseren Nachbarn in Europa.

Wir müssen weiter deutlich machen, daß eine konsequente Arbeitsmarkt- und Wohnungsbaupolitik und eine glaubwürdige Europapolitik die besten Garanten dafür sind, daß rechtsextreme Parteien wieder zurückgedrängt werden können.

Wir müssen überall dort, wo wir Arbeitnehmer erreichen, in Betrieben und Verwaltungen, aber auch auf örtlicher Ebene und im Wohnbereich, noch offensiver als bisher unsere gewerkschaftlichen Themen und Forderungen vortragen und demokratische und soziale Alternativen zur Ellenbogengesellschaft und zum Sozialabbau aufzeigen.

Wir müssen darüber hinaus mit denen sprechen, die sich auf der Suche nach politischen Alternativen in die falsche Rich-

10

tung begeben. Wir müssen in erster Linie argumentativ und nicht administrativ reagieren.

Wer rechtsextremes Gedankengut in Wort oder Schrift vertritt, wer für rechtsextreme Parteien kandidiert oder zur Kandidatur für sie aufruft, hat in einer DGB-Gewerkschaft keinen Platz. Aber nicht alle, die einmal »Republikaner« wählen, sind Faschisten. Mitläufer und Irregeleitete können ins Lager der Demokraten zurückgeholt werden. Darauf setze ich. In diesem Sinne wünsche ich dieser Publikation viel Erfolg.

Vorbemerkung des Verfassers

Über die Republikaner ist schon viel geschrieben worden. Aber immer noch mangelt es an einer übersichtlichen Gesamtdarstellung, die kurz und allgemeinverständlich, aber nicht oberflächlich ist. Dieser Band richtet sich an Leserinnen und Leser, die sich ohne besondere Vorkenntnisse rasch über die neue Partei informieren wollen.

Ich habe im Herbst 1989 im Westdeutschen Verlag ein Buch über »Die extreme Rechte in der Bundesrepublik« veröffentlicht, das sich ausführlich mit der Entwicklung des Rechtsextremismus von 1945 bis in die Gegenwart befaßt. Dieses Buch enthält auch ein kleines Kapitel über die Republikaner (S. 191–228), das die Grundlage für die vorliegende Darstellung bildet.

Daß es sich bei den Republikanern nicht um Verfechter einer demokratischen Republik handelt, ist weithin bekannt und wird hier nochmals ausführlich begründet (Kapitel 2). Die Auseinandersetzung mit der »Mogelpackung« muß sich jedoch vor allem auf der politischen Ebene vollziehen. Ich halte nichts von Distanzierungen, die sich in der Schreibweise ausdrücken, und verzichte daher auf Formulierungen wie »sogenannte« oder »falsche« Republikaner und setze den Parteinamen auch nicht in Anführungszeichen.

Berlin, im Dezember 1989   Richard Stöss

KAPITEL 1

Woher sie kommen: Entstehung und Entwicklung der Republikaner

Am 26. November 1983 wurde in München, in der Oberföhringer Gaststätte »Bräupfanne«, eine neue Partei gegründet. Wie viele Parteien es in der Bundesrepublik bis zu diesem Zeitpunkt gab, ist nicht genau bekannt. Es waren allein über 130, die sich auf Bundes- oder Landesebene an Wahlen beteiligt hatten. Was sich damals in dem bayerischen Nobel-Restaurant zusammenbraute, war jedoch mehr als nur irgendeine Splitterpartei am rechten Rand des konservativen Lagers. »Die Republikaner« sollten sich bald als eine Partei erweisen, die Unzufriedenheit und Protest spezifischer Bevölkerungsschichten zum Ausdruck bringt und durch eine geschickte Propaganda auch noch verstärkt. Mit der Gründung der Republikaner setzte eine neue Welle des Rechtsextremismus, die dritte und vermutlich auch stärkste nach 1945, ein. Bei der Europawahl im Juni 1989 brachten sie es auf über zwei Millionen Stimmen. Noch nie in der Geschichte der Bundesrepublik war es einer Organisation der extremen Rechten gelungen, so viele Wähler zu mobilisieren.

1. Die Gründung der Partei

Die CSU betrachtete den Gründungsvorgang mit Sorge und bemühte sich krampfhaft, seine Bedeutung herunterzuspielen. Denn die Gründerväter waren ehemals prominente Mitglieder bzw. Anhänger der bayerischen »Staatspartei«.

An der Spitze der Republikaner stand der damals 43jährige Bundestagsabgeordnete Franz Handlos, der die CSU im

15

Sommer 1983 verlassen hatte. Seit 1972 vertrat er seine Partei im Deutschen Bundestag, der er sich bereits im Alter von 17 Jahren angeschlossen hatte. Bei der Bundestagswahl 1980 erzielte er in seinem niederbayerischen Wahlkreis 72 Prozent der Stimmen und war damit bundesweit »Erststimmenkönig«. Bei den Wahlen im März 1983 legte er noch einmal knapp zwei Prozentpunkte zu. Vier Monate nach dem eindrucksvollen Wahlerfolg der »Wende-Koalition« in Bonn (die Regierung Kohl/Genscher hatte Ende 1982 die Koalition aus SPD und FDP abgelöst) trennte sich Handlos – scheinbar überraschend – von dem aufstrebenden Unternehmen, dem er unter anderem auch als Landesvorsitzender des Wehrpolitischen Arbeitskreises gedient hatte, und das er nun mit heftiger Kritik überzog: Er geißelte vor allem die »Ein-Mann-Demokratie« des CSU-Vorsitzenden Franz Josef Strauß und verübelte ihm, daß er einen Milliarden-Kredit für die DDR eingefädelt hatte.

Dieser Kredit war im rechtskonservativen Lager weithin auf Ablehnung gestoßen: Von der Wende-Regierung in Bonn versprachen sich nämlich viele Gegner der früheren sozialliberalen Entspannungspolitik eine radikale Umkehr in Sachen Deutschlandpolitik. Schließlich hatte sich die CDU/CSU in den siebziger Jahren zum Wortführer jener Kräfte gemacht, die in den Ostverträgen die Zementierung der deutschen Teilung und eine Anerkennung der DDR sahen. An die Macht gekommen, setzte die Union jedoch die Ostpolitik der alten Regierung mehr oder weniger unverändert fort und handelte sich folglich den Vorwurf ein, nun ihrerseits zur Stabilisierung des »Unrechtsregimes« beizutragen. Daß gerade das Idol der nationalen Rechten, Franz Josef Strauß, dabei den Vorreiter spielte, wurde als besonders enttäuschend empfunden und trug erheblich dazu bei, daß es am rechten Rand der CDU/CSU zu bröckeln begann. Das Image von »FJS« als mächtige Integrationsfigur war angeschlagen.

So war es nur allzu verständlich, daß die CSU die neue Partei abwertete (»abstruses Programm«) und ihren Vorsitzenden verspottete (»hoffnungsloser Dilettant«). CSU-Generalsekretär Otto Wiesheu war ständig unterwegs, um dem aufgebrachten Parteivolk den Kurs des Parteivorsitzenden zu erläutern. Stets hatte er sich denselben Fragen zu stellen: Galten Honecker und Konsorten bislang nicht als »Lumpen« und »Verbrecher«? Warum wird gerade denen so viel Geld nachgeschmissen? Wiesheu mußte sich überdies mit innerparteilichen Konflikten auseinandersetzen, die zwar nicht in unmittelbarem Zusammenhang mit dem Milliarden-Kredit standen, gleichwohl aber der CSU arg zusetzten: In Augsburg waren gerade 14 CSU-Stadträte aus der Partei ausgeschlossen worden, in Freising traten neun CSU-Stadträte aus der Fraktion aus und beraubten sie ihrer Mehrheit im Rathaus, und der Bürgermeister von Berg (am Starnberger See) verließ aus Protest gegen Strauß die CSU. Dies alles signalisierte deutlich Unmut an der Parteibasis und verlieh der Behauptung von Handlos durchaus Glaubwürdigkeit, daß er für seinen mutigen Schritt über 3000 ermunternde Zuschriften erhalten habe.

Der zweite Gründungsvater der Republikaner war der Oberstleutnant a. D. Ekkehard Voigt, wie Handlos CSU-Bundestagsabgeordneter und zudem dessen Nachfolger im Amt des Vorsitzenden des Wehrpolitischen Arbeitskreises (WPA). Voigt – damals ebenfalls 43 Jahre alt – kehrte der CSU im Oktober 1983 den Rücken. Der ehemalige Kompaniechef war der Partei 1964 beigetreten und wurde 1982 sogar in den Parteivorstand gewählt. Voigt und Handlos kannten sich aus gemeinsamer Fraktionstätigkeit in Bonn und durch die gemeinsame WPA-Mitgliedschaft. Wie Handlos bekämpfte Voigt den Milliarden-Kredit als »politisches Schiebergeschäft wie auf dem schwarzen Markt« und kritisierte den Mangel an innerparteilicher Demokratie in der CSU. Seinen Parteiaustritt begründete er damit, daß er in seiner Arbeit als Abgeordneter behindert, wegen seiner politischen Haltung unter Druck gesetzt, als WPA-Vorsitzender diffamiert und als Person beleidigt worden sei. Wiesheu habe ihn vor Zeugen mit »Du Lump, du verlogener, du Sauhund« beschimpft. Der an Strauß gerichtete Austrittsbrief schloß wie folgt:

»Nach fast 20 Jahren verlasse ich die CSU. Die Aussichtslosigkeit der Verwirklichung innerparteilicher De-

17

*mokratie in der CSU und die durch nichts begründeten
Angriffe gegen meine Person haben diesen Beschluß be-
schleunigt . . . Duckmäusertum, Anpassung und Ein-
schüchterungsaktionen gegenüber Demokraten werden
sich auch in einer Partei auf die Dauer nicht gegen Ehr-
lichkeit, Kritik und aufrichtiges Engagement durchsetzen . . . Die CSU hat eine Chance nach Verwirklichung
innerparteilicher Demokratie vertan – Sie auch.«*

Der Dritte im Bunde der Parteigründer war der in Bayern
sehr populäre Franz Schönhuber. Als Leiter der Fernseh-
Hauptabteilung »Bayern-Information« war er im April
1982 vom Bayerischen Rundfunk entlassen worden, weil er
sich in einem Buch lautstark zu seiner SS-Vergangenheit bekannt hatte. Zu Schönhubers Biographie später mehr. Vorerst ist nur darauf hinzuweisen, daß der damals 60jährige
Schönhuber, anders als Handlos und Voigt, die NS-Zeit
nicht nur bewußt miterlebt hatte, er war sogar »dabei«gewesen. Daß er politisch durch die Endzeit des Nationalsozialismus geprägt war, unterschied ihn von seinen beiden
Mitstreitern, deren Bewußtsein ganz entscheidend durch die
Nachkriegssituation, durch Wiederaufbau, Wirtschafts-
wunder und Ost-West-Gegensatz beeinflußt war. Handlos
und Voigt waren Kinder der Adenauer-Ära, gehörten zur
konservativen »Enkel-Generation«, Schönhuber hingegen
zur »Kriegsgeneration«. Mit 19 Jahren hatte er sich freiwillig zur Waffen-SS gemeldet. In seinen Erinnerungen (»Ich
war dabei«) beschreibt er seine damaligen Gefühle:

*»Es kam das Jahr 1942. Schon zwei Jahre war Krieg.
Jahre der siegreichen Schlachten und des erneuten Vor-
wärtsstürmens nach Rückschlägen. Deutsche Soldaten
waren die Herren Europas, auch aus Afrika kamen bald
Erfolgsmeldungen. Wir Jungen hatten Angst, zu spät zu
kommen.«*

Der junge Franz wollte zur Luftwaffe, wurde aber für flug-
untauglich erklärt.

*»Blieb also übrig die militärische Glamour-Truppe, die
›Paras‹ oder ›Ledernacken‹ von damals, die Waffen-SS.
Jeden Tag konnte man in den Zeitungen von den Helden-*

taten der Waffen-SS-Männer lesen, im Radio hören, und in den Wochenschauen wurden sie besonders herausgestellt. Immer mehr prägten sich die Namen von hohen Truppenführern ein, allen voran der des legendären Sepp Dietrich, des Kommandanten der Leibstandarte [Adolf Hitler]. Er wurde nicht zuletzt auch deshalb mein Vorbild, weil er mir bewies, daß man bei der Waffen-SS auch von unten, ohne einer großen Familie anzugehören, nach oben kommen konnte, wenn man nur tapfer genug war.«

Das Ende des Nationalsozialismus muß den 22jährigen ins Herz getroffen haben. Mit dem Bewußtsein, einer Elite anzugehören, war es aus, und die vermeintlichen Helden erwiesen sich als Verbrecher, die Deutschland in Schutt und Asche gelegt und unsägliches Leid über die Völker Europas gebracht hatten. Mehr noch: In den Augen der »Kriegsgeneration« war Deutschland 1945 von fremden Mächten besetzt und zerschlagen worden, obwohl es mit dem Krieg allein das nachgerade humanistische Ziel verfolgte, Europa im Abwehrkampf des Bolschewismus zu einigen. So auch Schönhuber:

»Hatte ich in der Waffen-SS nicht die europäische Schicksalsgemeinschaft erlebt? Hatten sich da die Franzosen nicht nur als Franzosen, die Holländer nicht nur als Holländer, die Belgier nicht nur als Belgier, sondern vor allem als Europäer gefühlt? Für diese Idee hatten sie nicht nur gekämpft, dafür waren sie gestorben. Dafür büßten die Überlebenden in diversen Gefängnissen und Internierungslagern, unter teilweise barbarischen Verhältnissen. Dafür wurden sie auch erschossen. Hatten sie sich aber nicht auch der sowjetischen Flut entgegengeworfen?«

Die Auseinandersetzungen in den folgenden Jahren zwischen Handlos und Voigt einerseits und Schönhuber andererseits werden nur verständlich vor dem Hintergrund der generationsspezifischen und mentalitätsmäßigen Unterschiede. Vorerst einte die drei noch ihre gemeinsame Gegnerschaft zur CSU.

Die aus 60 ausgewählten Personen bestehende Gründergesellschaft wählte in der »Bräupfanne« Handlos zum Vorsitzenden, Helmut Koelbel zum Schriftführer und Erwin Brettschneider zum Schatzmeister der Partei. Beide kamen aus Baden-Württemberg und wollten den dortigen Landesverband aufbauen. Voigt und Schönhuber wurden als stellvertretende Vorsitzende in den Bundesvorstand kooptiert und kommissarisch mit den Posten des Generalsekretärs bzw. des Sprechers versehen. Schönhubers Ehefrau Ingrid sollte den Arbeitskreis für Ausländerfragen leiten. Sie hatte zuvor ihren Posten als Referentin für die Türkei bei der CSU-nahen Hanns-Seidel-Stiftung aufgegeben.

2. Der Gründungskongreß

Einen Tag später, am 27. November 1983, fand im Ballsaal des teuren Münchener Hilton-Hotels der Gründungskongreß statt. Eingeladen waren 1 500 Personen, gekommen waren zwischen 500 und 700.

Nach Presseberichten setzte sich die Zuhörerschaft vor allem aus CDU/CSU-Mitgliedern aus Bayern, Berlin, Hamburg und Bremen, aus Mitgliedern der »Aktionsgemeinschaft Vierte Partei« und der »Bürgerpartei« von Hermann Fredersdorf sowie aus Mitgliedern von Vertriebenenverbänden zusammen. Auch einige NPD-Vertreter sollen am Gründungskongreß teilgenommen haben. Als potentielle Adressaten faßte die Führungstroika der Republikaner in erster Linie das Unionslager ins Auge, so z. B. den etwa 7 000 Mitglieder umfassenden Wehrpolitischen Arbeitskreis der CSU. »Die Absetzbewegungen beginnen überall im Lande«, ließ Handlos wissen, allenthalben spüre die Bevölkerung, daß die versprochene Wende fast nirgendwo eintrete. Und so waren die »drei Musketiere, die gegen einen absolutistischen Fürsten zu Felde ziehen« (Handlos), fest davon überzeugt, daß ihre Partei 1986 in den Bayerischen Landtag und 1987 in den Deutschen Bundestag einziehen würde.

Der 1. Bundeskongreß verabschiedete das 50 Seiten starke, in schwarz-rot-goldene Streifen eingerahmte, rechtskonservative »Grundsatzprogramm der Republikaner«, das sich als »konservativ-liberal«, prowestlich, der sozialen Marktwirtschaft und der Landesverteidigung verpflichtet und als patriotisch-national präsentierte und ein breites Spektrum von Zielgruppen ansprach: Arbeitslose, Wohnungssuchende, Sozialhilfeempfänger, Rentner, Behinderte, Familien etc. Die politischen Mitwirkungsrechte der Bürger sollten gestärkt (Ombudsmann, Volkswahl des Bundespräsidenten, Volksbegehren und Volksentscheid etc.), der Umwelt-, Natur- und Tierschutz verbessert werden. Die Partei machte Vorschläge für den Abbau von Bürokratie, für Haushaltseinsparungen, für die Verminderung der Arbeitslosigkeit und für die Förderung des Mittelstandes. Zentrales Stichwort ihrer Wirtschafts- und Sozialpolitik war die Hilfe zur Selbsthilfe. Jeder soll

> *»zunächst selbst nach seinen Kräften für seine soziale Sicherheit [sorgen]. Entsprechend den finanziellen Möglichkeiten der öffentlichen Haushalte und unter Beachtung der Grenzen der Belastbarkeit für die Wirtschaft und die Arbeitnehmer wollen wir durch eine bürgernahe und personalbezogene Sozial- und Gesellschaftspolitik den Erfordernissen der Zukunft gerecht werden.«*

Für den Abbau der Arbeitslosigkeit wurden zusätzliche Investitionen der privaten Wirtschaft und der öffentlichen Hände sowie eine »Liberalisierung« der Arbeitszeit vorgeschlagen. Die 35-Stunden-Woche lehnten die Republikaner ab. Dafür forderten sie unter anderem die »gemeinsame Solidarität« der Bevölkerung mit ihren Repräsentanten, die Heranziehung von Arbeitslosen für öffentliche Aufgaben und verschiedene Sonderopfer des öffentlichen Dienstes.

Zur Deutschlandpolitik erklärte das Grundsatzprogramm:

> *»Die Wiedervereinigung Deutschlands in Frieden und Freiheit und die Einigung Europas sind oberste Ziele der REPUBLIKANER. Voraussetzung für die Wiedervereinigung Deutschlands ist die Schaffung eines Kerneuropas.«*

Sodann folgte ein »Dreistufenplan« zur Wiedervereinigung (Ausbau der innerdeutschen Beziehungen, deutscher Bund,

21

Wahl eines nationalen Parlaments), wie er damals in ähnlicher Weise auch von der NPD vertreten wurde. Offiziell grenzten sich die Republikaner allerdings schon damals vom bundesdeutschen Rechtsextremismus ab.

Die Ausländerfrage stand noch nicht im Zentrum der REP-Agitation. Im Grundsatzprogramm warnte die Partei, »die Bundesrepublik Deutschland darf nicht zum Tummelplatz ausländischer Extremisten werden«, und forderte u. a. ein Verbot der politischen Betätigung von Ausländern, den Verzicht auf ein kommunales Wahlrecht sowie die »Rückkehrpflicht innerhalb eines angemessenen Zeitraums nach Eintritt von Arbeitslosigkeit bzw. Sozialhilfeunterstützung«.

3. Schönhuber spricht

Auf dem Kongreß hielt Franz Schönhuber seine erste große Rede als »Republikaner«, die uns als Manuskript erhalten und die es wert ist, ausführlich dargestellt zu werden. Macht sie doch deutlich, daß von Anbeginn neben den damals noch vorherrschenden rechtskonservativen auch extrem rechte Positionen in der Partei Einfluß hatten. Letztere sollten sich, zwei Jahre später, unter Führung Schönhubers durchsetzen und die damaligen Wortführer des Rechtskonservatismus aus der Partei drängen.

Schönhuber macht gleich zu Beginn deutlich, daß es bei den Republikanern unterschiedliche politische Sichtweisen gebe, und daß er kontroverse Diskussionen für notwendig halte. Schließlich war zu dieser Zeit noch nicht klar, welcher Flügel sich letztlich durchsetzen würde. »Wir sind in keinem Fall ein bloßer Anti-Strauß-Verein«, sagt er und setzt sich damit von den Parteifreunden ab, die sich von den Republikanern nur eine bessere, konservativere und konsequentere CSU erhofften. Schönhuber spricht sich für mehr Mitbestimmungsrechte der Bürger, für mehr parteipolitische Unabhängigkeit und für eine Verbesserung des Rundfunks aus und kommt dann zur Sache: zur Vergangenheitsbewältigung. »Wer die Vergangenheit nicht bewältigt, hat auch keine Zukunft«, sagt er und fährt fort:

> »*Wir sollten ehrlich zu uns sein. Wir sollten offen sagen, daß der Nationalsozialismus mit der größten Katastrophe unserer Geschichte geendet hat. Wir distanzieren uns auf das schärfste von den Neonazis.*«

Dieses Zitat dokumentiert eine zentrale Vortragstechnik (richtiger wohl: Schlitzohrigkeit) Schönhubers: Wovon distanziert er sich? Von den Nazis? Nein, kein Wort der Trauer, der Selbstkritik, der Entschuldigung! Er distanziert sich von den Neonazis, von der politischen Konkurrenz rechtsaußen, schränkt diese Distanzierung aber sogleich wieder ein. Die Neonazis sind seiner Meinung nach nämlich wenigstens teilweise vom Osten gesteuert und finanziert. De facto distanziert er sich damit ausschließlich von einem Problem, das angeblich weithin nur als Propagandaerfindung des Ostens besteht (»um das Ansehen der Bundesrepublik zu unterminieren«). Fazit: Er distanziert sich überhaupt nicht. Damit deutet sich an, was der Redner tatsächlich unter Vergangenheitsbewältigung versteht.

Eine andere rhetorische Technik besteht im Aufbau von Feindbildern, die von den wahren Schuldigen ablenken sollen.

> »*Und nun kommen wir zu den Medien. Sie haben ein Bild Deutschlands und seiner Vergangenheit vermittelt, das an Einseitigkeit nicht zu überbieten ist. Es wird bestimmt von einem Satz des Staatsrechtlers Professor Eschenburg, der einmal sagte: ›Wer die Alleinschuld Deutschlands am Kriege in Frage stellt, rüttelt an den Fundamenten unseres demokratischen Staates.‹*«

Sodann bekennt er:

> »*Ich glaube an die Schuld Deutschlands am Ausbruch des Zweiten Weltkriegs, aber nicht an die Alleinschuld.*«

Damit ist die Schuldfrage in tiefen Nebel getaucht. Alle sind irgendwie schuldig, und Deutschland ist entlastet. Nach demselben Verfahren weist Schönhuber die Verantwortlichkeit für den Nationalsozialismus zunächst den Schiebern, Spekulanten und Intellektuellen der Weimarer Republik, dem »barbarischen« Versailler Vertrag, den ausländischen Unternehmern, die nach 1933 mit Deutschland Geschäfte gemacht haben, den Staaten, die keine jüdischen Flüchtlinge aufnehmen wollten, zu. Da haben wir endlich konkrete Schuldige: Ausländer, Geschäftemacher, Intellektuelle. Aber: Hatte Hitler nicht auch positive Seiten? Konnten die Menschen in den zwanziger und den beginnenden dreißiger Jahren ahnen, was später geschah? Damit hat der Redner auch dieses Problem zerredet. Schuldig sind im Prinzip die anderen, die Fremden, die Außenseiter. Aber eigentlich konnte niemand genau wissen, was die Nazis anrichten würden.

Nun wendet sich der Redner den Verbrechen der Sieger zu:

> *Diese Sieger des Zweiten Weltkrieges sind auch nicht unschuldig an einem der großen Verbrechen in der Geschichte der Menschheit, an der Vertreibung der Deutschen aus dem Osten. 2,8 Millionen Menschen sind bei dieser Vertreibung ums Leben gekommen, gequält wurden sie und erschlagen. Es ist nicht unberechtigt, von einem Holocaust der Sudetendeutschen zu sprechen.«*

In dieser Passage kommt erstmalig in der Rede der Begriff Holocaust vor, der allgemein als Bezeichnung für die planmäßige Vernichtung der Juden gebraucht wird. Nicht jedoch bei Schönhuber, der über den Holocaust an den Juden bislang kein Wort verloren hat. Im Gegenteil: Mit diesem Zitat wird die Einzigartigkeit der Verbrechen am jüdischen Volk relativiert, der millionenfache Massenmord verharmlost. Nachdem der ehemalige SS-Fan unmißverständlich Schuldkonten miteinander verglichen hat, beeilt er sich, hinzuzufügen:

> *»Ich sage das nicht, um aufzurechnen. Ich habe etwas gegen Zahlenspiele, wenn es um Menschen geht. Ich will nicht, daß die Aufrechnungsspirale immer weiter gedreht und dadurch der Versöhnungsgedanke eines Tages erdrosselt wird. Bei der Ermordung der Juden ist nicht entscheidend, ob es sich um 6 Millionen oder nicht handelt. Schon ein Ermordeter wäre zuviel, wäre ein Verbrechen gewesen. Aber wir dürfen genauso um unsere toten und*

*ermordeten Landsleute trauern, wie das bei jedem ande-
ren Volk selbstverständlich ist. Mord bleibt Mord, ob es
sich um Deutsche, Juden oder Zigeuner handelt.«*

Diese Sichtweise begrenzt Trauer auf die nichtjüdischen
Landsleute (für die Trauer an den von Deutschen ermordeten Juden ist offenbar der Staat Israel zuständig) und über-
sieht, daß viele der ermordeten Juden Staatsangehörige des
Deutschen Reiches waren.

Nachdem Schönhuber seinen Zuhörern durch rhetorische
Tricks das Selbstwertgefühl zurückgegeben und klarge-
macht hat, daß sie sich der jüngsten deutschen Geschichte
nicht zu schämen brauchen, erläutert er seine Motive für die
Umdeutung unseres Geschichtsbildes:

> *Ich sage das alles nicht, um den Nationalsozialismus
> weißzuwaschen. Ich sage dies, weil ich glaube, wir müs-
> sen aufhören, uns gegenseitig zu belügen. Wir müssen ein
> neues Geschichtsbewußtsein finden.«*

Es geht ihm darum, »begründete Korrekturen an unserer
Geschichte [gemeint ist offenbar die Geschichtsschreibung]
vorzunehmen«.

> *»Überall können wir einen Aufbruch zu neuen Ufern
> feststellen, ein Suchen von Stämmen und Rassen nach
> ihrer völkischen und historischen Identität.«*

Schönhuber will dem »Sehnen des deutschen Volkes, nun
endlich von all dem Schrecklichen, das der Nationalsozialismus und der Krieg gebracht haben, nach Ablauf einer Generation befreit zu sein«, Rechnung tragen. Auch das deutsche Volk habe einen Anspruch auf Würde, Ansehen und
Identität.

Damit wird der Nationalsozialismus zum Störfaktor bei der
Herausbildung einer neuen nationalen Identität der Deutschen erklärt. Nicht seiner bewußten Verarbeitung, sondern
seiner Verdrängung wird das Wort geredet. So präsentiert
sich Schönhuber als Wanderprediger, der die Last der NS-
Verbrechen vom deutschen Volk nimmt und ihm dadurch
die angeblich lang ersehnte Identität zurückgibt. Nur so
kann »Deutschland wieder groß und stark« werden, behauptet der Demagoge.

4. Zur Person: Franz Schönhuber

Wer ist dieser Mann, der immer »zwar – aber« sagt, der immer dabei und dagegen war? Kurt Hirsch und Hans Sarkowicz haben sich intensiv mit der Biographie von Schönhuber beschäftigt. Im folgenden referiere ich einige Stationen aus seinem Leben.

Schönhuber wurde am 10. Januar 1923 im oberbayerischen Trostberg geboren. Sein Vater, von Beruf Metzgermeister, trat 1931 der NSDAP bei, seine Mutter war Mitglied in der NS-Frauenschaft. Die Erziehung des Knaben dürfte daher nicht gerade systemkritisch verlaufen sein. Jedenfalls ging er freiwillig zur Waffen-SS und wurde Ausbilder bei der französischen SS-Division »Charlemagne« (Karl der Große). Das Kriegsende erlebte er in einem Lazarett in Norddeutschland. Im Entnazifizierungsverfahren wurde er 1947 als »Mitläufer« eingestuft und zur Mindeststrafe von 500 Reichsmark verurteilt. Er betätigte sich dann zunächst als Schwarzhändler und baute sich eine, nach eigenen Angaben sogar große Organisation auf. Später arbeitete er als Sportreporter bei der kommunistisch finanzierten »Deutschen Woche«, für die er 1953 von den Weltjugendspielen in Bukarest berichtete. Dort lernte er seine erste Frau Eva, eine Ungarin, kennen, die er zwei Jahre später in Budapest heiratete. Aus dieser Ehe stammt die erste Tochter Suzanne. Unterdessen war er auch als Reporter für den Bayerischen Rundfunk tätig und machte Sport- und Kindersendungen, besonders häufig im Ausland.

1964 heiratete der seit längerem geschiedene Journalist in München seine zweite Frau, die Rechtsanwältin und spätere SPD-Stadträtin Ingrid Schönhuber. Die Kinder Florian und Andrea kamen zur Welt. 1969 leitete er für kurze Zeit die Münchener Boulevardzeitung »tz«. Der damals der SPD nahestehende Schönhuber genoß anläßlich seiner Entlassung sogar die Unterstützung des bayerischen SPD-Vorsitzenden Grabert. Als Außenseiter wurde er zum Vorsitzenden des Bayerischen Journalisten-Verbandes gewählt. Und als Kolumnist bei der Münchener »Abendzeitung« unterstützte er die Jungsozialisten in ihrer Auseinandersetzung mit dem damaligen Oberbürgermeister Hans-Jochen Vogel. Bald entdeckte er jedoch, daß die Jusos auf dem linken Auge blind waren, daß sie, wie er später schrieb, »zwar rechte lateinamerikanische Diktaturen angriffen, zum großen Bruder jenseits der Mauer aber meistens schwiegen«, und besserte seine Kontakte zur CSU auf. Als ihm daraufhin von einem SPD-Mitglied politischer Opportunismus vorgeworfen wurde, trat seine Frau 1973 aus der SPD aus. Unterdessen verfestigten sich die Bindungen ihres Mannes an den Bayerischen Rundfunk. 1975 avancierte er zum Hauptabteilungsleiter, später sogar zum stellvertretenden Chefredakteur. In den Sozialdemokraten sah er fortan »Wadlbeißer« oder »linke Gesellschaftsveränderer«, die er zunehmend heftiger angriff. Mehr und mehr gab er sich als CSU-Anhänger zu erkennen, gehörte zum Freundeskreis von Franz Josef Strauß und war Mitglied des 1973 vom Wienerwald-Chef Friedrich Jahn ins Leben gerufenen »Franzens-Club«.

Als Schönhuber 1981 sein Erinnerungsbuch über die Waffen-SS veröffentlichte, stand ihm eine glänzende Karriere bevor. Er war als Chefredakteur des Bayerischen Rundfunks im Gespräch und verfügte über allerbeste Kontakte zu den Spitzen in Politik und Wirtschaft. Warum also dieses Bekenntnis zur SS? Darüber läßt sich nur spekulieren. Mag sein, daß er die Flucht nach vorn antrat, daß er, wie es im Klappentext seines Buches heißt, nach »heftigen Angriffen gegen seine Person im Zusammenhang mit seiner Zugehörigkeit zur Waffen-SS« zu reagieren gezwungen war. Aus seiner Sicht handelt es sich bei den Memoiren nämlich gerade nicht um eine Festschrift für die Waffen-SS, sondern um einen Augenzeugenbericht, der wegen seiner kritischen Passagen bei der rechtsextremen Leserschaft bisweilen tatsächlich auch auf Ablehnung gestoßen ist. So schrieb beispielsweise Alexander Hoyer:

> »Der Titel Ihres Buches ist unzutreffend. Sie waren nicht dabei! Sie waren lediglich Angehöriger der Waffen-SS. Ihnen ging es nach den anfänglichen gewaltigen militärischen Siegen und in der Hochblüte der NS-Ära darum, schnell noch irgendwie am Kuchen mitzunaschen, mit

dem offensichtlichen Hintergedanken einer später unaus-
bleiblichen Karriere. Es sind Ihnen einfach zu viele Ein-
geständnisse entschlüpft, die Ihr opportunistisches We-
sen erkennen lassen, ob es sich da um das während des
Krieges gerade so moderne Ehrenkleid der Waffen-SS
handelte oder nachher um Ihre verschiedenen Bemühun-
gen um die Gunst der im Augenblick Obenschwimmen-
den, angefangen von den englischen Besatzern bis zu der
Sie letzten Endes fallenlassenden CSU.«

Meine These lautet, daß Schönhuber sich auch nach 45 Jahren innerlich nicht vom Nationalsozialismus verabschiedet
hat. Er ist mit dem Zusammenbruch des »Dritten Reiches«
nicht fertig geworden, er will und er kann es sich nicht nehmen lassen, daß dieses System auch seine guten Seiten hatte.
Dabei handelt es sich, psychologisch gesehen, um den
Selbstschutz einer Person, die – wenigstens anfänglich – be-
geistert mitgemacht hat und heute noch irgendwie stolz ist,
dabeigewesen zu sein. Der Münchener Psychotherapeut
Jürgen Müller-Hohagen schreibt dazu in seinem Buch »Verleugnet, verdrängt, verschwiegen – Die seelischen Auswirkungen der Nazizeit«:

> *»Wir kennen uns aus mit Verleugnung und Verdrängung,*
> *wissen um ihre schädlichen Wirkungen, aber auch um ih-*
> *re Funktion, Menschen zunächst vor einem Zusammen-*
> *bruch zu schützen.«*

Weil Schönhuber mit dem Ende des Nationalsozialismus
nicht fertig geworden ist, kann er sich auch mit der Nachkriegsordnung nicht aussöhnen. Er ist heute zwar kein
überzeugter Nazi, aber er ist auch kein überzeugter Demo-
krat. In seinen Reden und Schriften wird immer wieder
deutlich, daß er diese Ordnung innerlich zutiefst ablehnt.
Sie wird aus seiner Sicht von Opportunisten, Emigranten,
Ignoranten und Gleichgültigen beherrscht, die die angeblich
aufrichtigen und charakterfesten Schönhubers ausgrenzen
und ihnen einen angemessenen und einflußreichen Platz in
der neuen Rangordnung verwehren.

> *»Nicht wenige Nazi-Propagandisten liefen nach 1945*
> *mit fliegenden Fahnen zu den Siegern über und fielen,*

*wohl zum Dank für die großzügige Aufnahme, in der Fol-
ge besonders über jene Kollegen her, die die Kunst des
›fliegenden Wechsels‹ nicht beherrschten oder beherr-
schen wollten. Andererseits kannten beispielsweise manche Emigranten, die über das ›Dritte Reich‹ und den
Krieg geschrieben haben, die Wirklichkeit jener Zeit nur
aus zweiter Hand. Politische Gegnerschaft und verständ-
licher Haß haben ihnen nicht selten den Blick für die
Realitäten getrübt.«*

Aber nicht nur den Veteranen in den Medien werden die
Leviten gelesen, sondern auch den nachgerückten Redak-
teuren:

*»Die Art, wie manchmal in den Massenmedien Vergan-
genheitsbewältigung betrieben wird, läßt nicht selten an
den Satz denken: ›Gut gemeint ist das Gegenteil von
Gut.‹*

*Es waren und sind in erster Linie Redakteure, die diese
verhängnisvollen Jahre allenfalls nur vom Hörensagen
kennen und von der nach dem Kriege betriebenen Re-
Education [Umerziehung] geformt und geprägt wurden.
Schuld an der Einseitigkeit mancher Berichte, Filme und
Dokumentationen hat auch meine Generation selbst, die
Kriegsgeneration. Sie blieb weitgehend abseits stehen,
ließ sich vom ›Ohne-mich‹-Standpunkt leiten. Bei man-
chem spielte das schlechte Gewissen eine Rolle, bei anderen Karrieredenken oder einfach Bequemlichkeit.«*

Im Vorwort zu seinem SS-Buch gibt Schönhuber zu erkennen, daß er die Zeit für eine Neubewertung der jüngsten
Vergangenheit für gekommen halte. Das allgemeinpoliti-
sche Klima der ausgehenden siebziger und beginnenden
achtziger Jahre begünstige eine »ehrliche Abrechnung mit
der Vergangenheit«. Und in der Tat waren die siebziger Jahre durch einen deutlichen Rechtstrend gekennzeichnet, wodurch auch der Boden für eine Revision der NS-Geschichts-
schreibung bereitet wurde. Schönhubers Bekenntnisschrift
ist mithin als eine Kampfschrift nicht nur gegen die Vergangenheitsbewältigung des »Dritten Reiches«, sondern gegen
die Nachkriegsordnung der Bundesrepublik schlechthin zu

bewerten. Nur so ist es zu verstehen, daß die »Deutsche National-Zeitung« des rechtsextremen Verlegers Dr. Gerhard Frey das Werk zum Buch des Jahres erkor und damit die sowieso schon hohe Verkaufsauflage weiter steigerte. Und darauf beruht letztlich der permanente innerparteiliche Konflikt bei den Republikanern zwischen rechtskonservativen Kräften, die die Ordnung der Bundesrepublik prinzipiell anerkennen, sie aber noch konservativer ausgestalten wollen, und zwischen Kräften, denen die ganze Richtung nicht paßt.

5. Die extreme Rechte setzt sich durch

Die Entwicklung der neuen Partei nahm in den folgenden Jahren keineswegs den hoffnungsvoll angekündigten Verlauf. Im Gegenteil: Heftige interne Streitereien, die nach Presseberichten sogar teilweise handgreiflich ausgetragen wurden, lähmten den organisatorischen Aufbau. In einem Blatt hieß es zum Beispiel:

> »In Regensburg wurden die Auseinandersetzungen um den Kreisvorsitz per Faustkampf ausgetragen, wobei der unterlegenen Partei ein scharfer Dobermann assistierte. Bundesvorsitzender Handlos schickte eine Kommission, die Ordnung schaffen sollte.«

Im Frühjahr 1985 eskalierte der Konflikt zu einer Führungskrise. Handlos warf seinen Gegnern um Voigt und Schönhuber vor, die Partei in rechtsextremes Fahrwasser zu bringen, letztere unterstellten dem Vorsitzenden, er beabsichtige, die Republikaner auf CSU-Kurs zu trimmen. Dieser enthob daraufhin seine beiden Stellvertreter ihrer Ämter und schloß Schönhuber aus der Partei aus. Beide Entscheidungen wurden dann jedoch vom Bonner Landgericht für unwirksam erklärt, da Handlos kurz zuvor von seinem Amt als Parteivorsitzender zurückgetreten war, was dieser jedoch nachdrücklich bestritt.

Maßgeblich bei diesem Verfahren war die eidesstattliche Erklärung von Harald Neubauer, der später Karriere bei den Republikanern machte. Neubauer war bis 1972 Mitglied der rechtsextremen Nationaldemokratischen Partei Deutschlands (NPD), schloß sich dann zunächst der Aktion Neue Rechte (ANR), einer NPD-Abspaltung, an und wandte sich 1973 der Deutschen Volksunion (DVU) des Dr. Gerhard Frey zu. Zwischen 1975 und 1981 fand man ihn wiederum bei der NPD, seit 1975 arbeitete er zudem im Pressekonzern Freys als Redakteur des »Deutschen Anzeigers«. 1983 überwarf er sich mit Frey und trat den Republikanern bei, die ihn 1985 zum Generalsekretär und 1988 zum Bayerischen Landesvorsitzenden und zum Bundessprecher der Partei bestimmten.

Ende März 1985 fand in Regensburg ein bayerischer Landesparteitag statt, auf dem sich die feindlichen Brüder heftig bekämpften. Nach einem Bericht der »Süddeutschen Zeitung« endete die Versammlung im Chaos und mit Handgreiflichkeiten. Beide Fraktionen waren ungefähr gleich stark. Ihre Führer forderten sich gegenseitig zum Verlassen der Veranstaltung auf und versprachen ihren schreienden und johlenden Anhängern, bis zuletzt um den richtigen Kurs der Partei zu kämpfen. Schönhuber legte den etwa 800 Anwesenden eine einstweilige gerichtliche Verfügung vor, die es Handlos untersagte, sich weiterhin Bundesvorsitzender der Republikaner zu nennen. Dieser behauptete, der Gerichtsentscheid sei das Ergebnis von Schwindel, Betrug und eidesstattlichen Falschaussagen und warf Schönhuber erneut vor, die Partei auf rechtsextremen Kurs bringen zu wollen, ihre Unterwanderung durch rechtsextreme Kräfte zu fördern und sie als Vehikel zum Personenkult und für seine persönlichen Abrechnungen mit dem Bayerischen Rundfunk zu mißbrauchen. Schönhuber konterte mit dem Vorwurf, unter Handlos sei der Weg zurück zur CSU vorprogrammiert, die der REP-Vorsitzende nur wegen seines manischen Hasses auf Franz Josef Strauß verlassen habe. Eine Entscheidung in der Sache fällte der von der Versammlungsleitung vorzeitig aufgelöste Parteitag nicht. Handlos resignierte infolge des Gerichtsentscheids, verließ die Partei und gründete am 4. Mai 1985 mit Gesinnungsfreunden die Freiheitliche Volkspartei (FVP). Nach deren Mißerfolg bei der bayerischen Landtagswahl

1986 verließ er die noch heute bestehende FVP und schloß sich später der FDP an.

Vor der FVP-Abspaltung zählten die Republikaner nach eigenen Angaben 2400 Mitglieder, davon allein 1700 in Bayern. In den übrigen Bundesländern waren sie nur schwach vertreten. Gelegentlich las man von Aktivitäten in Baden-Württemberg, Hamburg, Bremen und Schleswig-Holstein. Im März 1985, auf dem Höhepunkt der Parteikrise, gelang dann angeblich der »Durchbruch im norddeutschen Raum« (Handlos): Sieben der 18 Bremerhavener CDU-Stadtverordneten, darunter der gesamte Fraktionsvorstand, traten zu den Republikanern über; ebenso zwei Unionsmitglieder der Bremischen Bürgerschaft, die im Landesparlament eine »Gruppe der Republikaner« bildeten. Dennoch verzögerte sich die Gründung eines Landesverbandes im Stadtstaat immer wieder wegen interner Auseinandersetzungen.

Auf dem Bundesparteitag in Siegburg (16. 6. 1985) konnte sich Schönhuber schließlich als Parteichef durchsetzen, nachdem er sich auch mit Voigt überworfen und dieser die Partei verlassen hatte. (Voigt schloß sich zunächst der FDP an, kehrte 1989 aber wieder zu den Republikanern zurück.) Die Delegierten verabschiedeten das »Siegburger Manifest«, in dem der Rechtskurs des neuen Vorsitzenden seinen ersten programmatischen Ausdruck fand.

Nach wie vor waren die Republikaner eine bayerische Partei, deren überhebliches Auftreten auch dort in krassem Gegensatz zur tatsächlichen organisatorischen Verankerung stand. Gleichwohl betrieben sie einen intensiven und finanzaufwendigen (1,5 Millionen DM) Wahlkampf. »Wir schlagen die große Durchbruchsschlacht in Bayern«, erklärten sie, und Generalsekretär Neubauer gab sich absolut sicher, daß die 5-Prozent-Hürde genommen wird. Der seit langem versprochene Einzug in den Bayerischen Landtag fand indessen nicht statt. Immerhin erzielte die Partei bei den dortigen Landtagswahlen am 12. Oktober 1986 3,0 Prozent der Stimmen. Knapp einen Monat später zog Schönhuber die großspurig angekündigte Teilnahme an der bevorstehenden Bundestagswahl (Januar 1987) zurück, zumal es nicht ein-

mal für eine Beteiligung an den Hamburgischen Landes-
wahlen im November 1986 gereicht hatte. Im März 1987
mußte schließlich die Beteiligung an den Landtagswahlen in
Rheinland-Pfalz abgesagt werden, weil der dortige Landesvorsitzende Hans Bastian eine Vorstrafe aus den siebziger
Jahren verschwiegen hatte: Er hatte ohne Gewerbeschein
Schweine geschlachtet und vermarktet. Einen vorbestraften
Kandidaten könne sich eine Partei nicht leisten, so Harald
Neubauer, die angetreten sei, Deutschland zu erneuern.
Und so konzentrierten sich die Republikaner auf die bevor-
stehenden Bürgerschaftswahlen in Bremen (September
1987), wo wegen der CDU-Übertritte scheinbar gute Aus-
gangsbedingungen bestanden. Allerdings hatte die Partei
die Rechnung ohne den Wirt gemacht, und der hieß Dr.
Gerhard Frey.

6. Konkurrenz von rechts: Die »DVU – Liste D«

Der schwerreiche Münchener Verleger Dr. Gerhard Frey
zählt zu den einflußreichsten und finanzstärksten Vertretern des Rechtsextremismus in der Bundesrepublik. Er
herrscht über einen Druck- und Verlagskonzern, in dem neben Schallplatten, Tonbandkassetten und Gedenkmedaillen
die drei auflagenstärksten rechtsextremen Wochenzeitun-
gen erscheinen:

- die »Deutsche National-Zeitung« (DNZ),
- der »Deutsche Anzeiger« (DA) sowie
- die »Deutsche Wochen-Zeitung« (DWZ).

Die wöchentliche Gesamtauflage der drei teilweise inhalts-
gleichen Blätter beträgt nach Angaben des Verfassungsschutzes über 110 000 Exemplare, Frey spricht sogar von
600 000. Das Flaggschiff der Frey-Presse ist die DNZ, das
größte der drei Blätter, ein im Stil der Boulevardpresse auf-
gemachtes Hetzblatt, das in immer neuen Variationen
Deutschlands Alleinschuld am Zweiten Weltkrieg und den
Holocaust in Frage stellt, gegen »die Sieger« (über Hitler-
Deutschland) polemisiert, Ausländer diskriminiert und
mittlerweile auch über Bundespräsident Richard von Weiz-

säcker (CDU) wegen dessen abgewogener Beurteilung des Nationalsozialismus herzieht.

Das organisatorische Engagement von Frey begann im Rahmen der Kampagne gegen die Ostpolitik der sozialliberalen Bundesregierung 1970/71. Als der Zerfall der »Aktion Widerstand« absehbar war, gründete er im Januar 1971 die Deutsche Volksunion (DVU) als überparteiliches Mitte-Rechts-Bündnis gegen die »verfassungswidrigen Ostverträge« und als Auffangbecken für die zerfallende NPD. 1972 schuf er den »Freiheitlichen Rat« als ein Funktionärsgremium zur Vorbereitung eines »Marsches auf Bonn«, der im April desselben Jahres mit etwa 5000 Teilnehmern stattfand.

1979/80 restrukturierte Frey seine Anhängerschaft. An die Stelle des Koordinationsrates traten Organisationen im Vorfeld der DVU, die sich an spezifische Zielgruppen richteten, wobei eine Mitgliedschaft in einer dieser Organisationen automatisch die Zugehörigkeit zur DVU bedeutet. Gegenwärtig bestehen folgende Aktionsgemeinschaften:

Volksbewegung für Generalamnestie,
Initiative für Ausländerbegrenzung,
Aktion deutsche Einheit,
Aktion deutsches Radio und Fernsehen,
Ehrenbund Rudel[1] – Gemeinschaft zum Schutz der Frontsoldaten und
Schutzbund für Volk und Kultur.

Sowohl diese Vorfeldorganisationen als auch die DVU stellen im organisationssoziologischen Sinne eigentlich keine Verbände mit kontinuierlicher innerer Willensbildung und politischer Aktivität der Mitglieder dar. Die amtlicherseits angegebenen Mitgliederzahlen – 1988 waren es 12000; Frey

---

1 Hans-Ulrich Rudel (1916–1982) galt und gilt in rechtsextremen Kreisen als die Verkörperung des tapferen deutschen Soldaten schlechthin. Er erhielt höchste militärische Auszeichnungen und genießt einen legendären Ruf. Als Pilot einer Sturzkampf-Maschine (»Stuka«) soll er in 2530 Einsätzen 519 russische Panzer zerstört haben. In den fünfziger Jahren engagierte er sich u. a. bei der Deutschen Reichspartei (DRP) und war beliebter Gast auf allen rechtsextremen Veranstaltungen. In den siebziger und achtziger Jahren war der Publikumsmagnet vor allem für den geschäftstüchtigen Frey im Rednereinsatz.

nannte für 1989 sogar 31 000 – sind mithin nur sehr bedingt mit den entsprechenden Angaben für politische Parteien, etwa für die NPD, vergleichbar. Gleichwohl: Die DVU ist seit 1980 die größte rechtsextreme Organisation in der Bundesrepublik.

Die DVU versteht sich als überparteiliche Organisation. Sie nimmt mithin nicht an Wahlen teil. Und bis 1986 ist Frey auch allen Spekulationen entgegengetreten, er beabsichtige, die DVU in eine Partei umzuwandeln. Im November 1986 begann er freilich, in seinen Blättern zur Gründung einer Wahlliste (»Deutsche Liste«, später »Deutsche Volksliste«) aufzurufen. Am 5./6. März 1987 wurde schließlich die politische Partei »Deutsche Volksunion – Liste D (DVU)« gegründet. Sie existiert formal eigenständig neben der überparteilichen DVU und verfügte 1988 nach amtlichen Angaben über 6000 Mitglieder (Frey gab 7000 an). Beide Organisationen werden von Dr. Gerhard Frey in Personalunion geführt.

Die Gründung der Liste D (Deutschland) und der Einstieg des Unternehmers Frey in die Parteipolitik wurden in erster Linie mit der ausgebliebenen Wende in Bonn begründet. Frey spekulierte auf die Unzufriedenheit rechtskonservativer Kräfte mit der Politik der Unionsparteien und erhoffte sich davon auch – so behaupteten seine Kritiker – günstige Rückwirkungen auf seine Geschäfte. Mit der Gründung einer politischen Partei verfügte er über eine wichtige Voraussetzung für Wahlerfolge, überdies standen ihm große Finanzmittel, sein Pressekonzern und eine beachtliche Anhängerschaft zur Verfügung. Weil es ihm aber an einer funktionsfähigen Organisation gebrach, die imstande gewesen wäre, Wahlkämpfe durchzuführen, beschritt er den Weg des Bündnisses mit der NPD, von dem sich viele Beteiligte den lang ersehnten Aufschwung der »nationalen Opposition« erhofften. Aber der Pakt war auch umstritten, denn beide Kooperationspartner waren bislang heftig verfeindet.

Schon bei der Gründung der NPD (1964) hatte die Frey-Presse gegen die neue Partei polemisiert, und der Architekt des Unternehmens, Adolf von Thadden, lehnte damals eine Zusammenarbeit mit Frey strikt ab. Bei der baden-württembergischen Landtagswahl 1968 kam es zu einer gewissen Zusammenarbeit zwischen der dortigen NPD (stellvertretender Landesvorsitzender war der heutige NPD-Chef Martin Mußgnug) und Frey, der in der DNZ zur Wahl der Nationaldemokraten aufrief und sich dann auch noch für Mußgnug als neuen Landesvorsitzenden aussprach (was dieser dann auch tatsächlich wurde). Das war für den NPD-Chef der Freundschaft zuviel: Mußgnug handelte sich eine harsche Rüge von v. Thadden ein, weil er sich in einem Brief an Frey für die Gefälligkeit höflich bedankt und die Hoffnung geäußert hatte, daß die Feindschaft nun für immer begraben sei.

Frey unterstützte dann aber 1971 die NPD-Abspaltung Aktion Neue Rechte (ANR) und machte damit keinen Hehl aus seiner Genugtuung über den Zerfall der Nationaldemokraten. 1972 kam es vorübergehend zu neuerlichen Kontakten zwischen dem Bundesvorsitzenden Mußgnug und Vertretern des Freiheitlichen Rates, mit dem Ziel, den Einigungsprozeß im nationalen Lager zu fördern. Allerdings mißbilligte der NPD-Vorstand Mußgnugs Alleingang, und Frey rief daraufhin zur Wahl der Unionsparteien bei der bevorstehenden Bundestagswahl auf.

1975 starteten Frey und Mußgnug einen neuen Annäherungsversuch: Ersterer warb anläßlich der Wahl in Bremen für die NPD und wurde sogar Mitglied. Letzterer versprach im Gegenzug, den DVU-Chef auf dem bevorstehenden NPD-Parteitag für das Amt des stellvertretenden Bundesvorsitzenden vorzuschlagen und ihm auch die Herausgabe des NPD-Organs zu überantworten. Dadurch geriet die Partei erneut vor eine Zerreißprobe, v. Thadden gab sogar aus Empörung sein Parteibuch zurück. Die Basis machte Mußgnug allerdings einen Strich durch die Rechnung: Frey fiel bei der Wahl zu seinem Stellvertreter durch und mußte sich mit einem einfachen Vorstandsamt begnügen. Dies nahm er zunächst auch an, gab es im Sommer 1976 aber wieder zurück und trat bald danach aus der NPD aus (vermutlich 1979).

Die gegenwärtige Kooperationsphase begann 1986: Zur bayerischen Landtagswahl empfahl Frey in seinen Blättern wieder einmal die NPD, ebenso zur Bundestagswahl 1987. Da die NPD bei dieser Wahl über 0,5 Prozent der Stimmen (nämlich 0,6 Prozent) erhielt, kam sie in den Genuß einer staatlichen Wahlkampfkostenerstattung von 1,3 Millionen DM, so daß sie finanziell konsolidiert war. Kurz nach der Gründung der DVU – Liste D, an der sich auch führende NPD-Funktionäre beteiligt hatten, vereinbarten die Führungsgremien von NPD und DVU, sich bei Wahlen unter Wahrung der Eigenständigkeit der beiden Organisationen gegenseitig zu unterstützen. Die NPD sollte 1987 in Rheinland-Pfalz und 1988 in Baden-Württemberg kandidieren, die DVU – Liste D dafür 1987 in Bremen.

Die Wahl zur Bremischen Bürgerschaft war also der Testlauf für die Frey-Partei, die eine aus der Münchener Zentrale gesteuerte extrem aufwendige Propagandaschlacht ohne eine einzige öffentliche Veranstaltung führte. Mit 2 Millionen DM standen ihr mehr finanzielle Mittel zur Verfügung, als CDU und SPD zusammen ausgeben konnten.

Dem massiven Propagandaaufgebot der DVU – Liste D in Bremen hatten die Republikaner bis auf formale Abgrenzungsbeteuerungen wenig entgegenzusetzen. Nachdem sie das NPD-DVU-Bündnis auf heimischem Boden bei der bayerischen Landtagswahl 1986 klar abgeschlagen hatten (die von der Frey-Presse unterstützte NPD erreichte nur 0,5 Prozent der Stimmen), mußten sie nun ihrer finanzstarken Konkurrenz in einer Region gegenübertreten, in der Schönhuber bei der Bevölkerung weithin unbekannt, die REP-Landesorganisation zer- und der Parteivorsitzende umstritten war. Das Rennen machte die Frey-Partei: Der DVU-Kandidat Hans Altermann gelangte in die Bremische Bürgerschaft und zwei weitere DVU-Bewerber in die Stadtverordnetenversammlung von Bremerhaven. Die Republikaner erzielten lediglich 1,2 Prozent der Stimmen.

37

7. Der Niedergang macht weitere Fortschritte

Das magere Resultat von Bremen ist auch im Zusammenhang mit neuerlichen Auseinandersetzungen in der Bundes-
organisation der Republikaner zu sehen:

Im Vorfeld der Bremer Wahlen hatte Schönhuber im Mai
1987 einen Bundesparteitag nach Bremerhaven einberufen,
der eine neue Satzung und ein Programm verabschiedete
und den neuen Bundesvorstand bestätigte. Kritiker am autoritären Führungsstil des REP-Vorsitzenden um den damaligen stellvertretenden Bundesvorsitzenden Dr. Dieter
Berger strengten daraufhin ein gerichtliches Verfahren mit
dem Ziel an, einen Bundesnotvorstand einsetzen zu lassen.
Bei dem Parteitag habe es sich – so ihre Argumentation –
nicht um eine Delegiertenkonferenz, sondern um eine Mit-
gliederversammlung gehandelt, die überdies gar nicht be-
schlußfähig gewesen sei, da nur 380 von etwa 3 000 Mitgliedern anwesend waren. Die Beschlüsse von Bremerhaven
hätten jedoch von einem Bundesparteitag verabschiedet
werden müssen. Als sich der Bremer REP-Funktionär
Wolfgang Klinke, ein Parteimann der ersten Stunde, bereit
erklärte, dem Notvorstand beizutreten, wurde er auf Druck
von Schönhuber von seinem Amt als stellvertretender Bundesvorsitzender suspendiert. Zusätzliche innerparteiliche
Turbulenzen verursachte im Juni des Jahres die Verhaftung
des Schönhuber-Vertrauten Dieter Gutwald, der der Steu-
erhinterziehung verdächtigt wurde. Gutwald war REP-
Kreisvorsitzender in Rosenheim, Mitglied im Bundesvorstand und Geschäftsführer des parteinahen »res publica«-
Verlages, in dem damals das Organ der Partei (bis Ende
1985 »Republikanischer Anzeiger«, dann »Der Republikaner«) erschien.

Im März 1988, kurz vor der Landtagswahl in Baden-Württemberg, trennte sich der Landesverband Bremen der Republikaner von seiner Mutterpartei und nennt sich fortan
»Bremische Republikanische Partei«. Das REP-Wahlergeb-
nis im Südweststaat fiel bescheiden aus: 1,0 Prozent. Die
NPD brachte es hingegen auf das Doppelte (2,1 %), womit
die Republikaner wiederum von dem NPD/DVU-Bündnis

überflügelt worden waren. Dasselbe Schicksal ereilte sie wenig später in Schleswig-Holstein. Bereits Ende April 1987
sagte Schönhuber dort alle weiteren Wahlkampfveranstal-
tungen ab, da im nördlichsten Bundesland angeblich ein
»Volksfront-Terror unglaublichen Ausmaßes« gegen seine
Partei stattgefunden hätte. Bei der Wahl am 8. Mai erzielte
die von Professor Emil Schlee (zunächst CDU, dann »Pa-
trioten für Deutschland«) geleitete Landesorganisation 0,6
Prozent der Stimmen, während die NPD immerhin 1,2 Prozent erreichte.

Diese Mißerfolge bewirkten eine, wie die Partei selbst ein-
räumte, »Austrittswelle ungeahnten Ausmaßes«. Im Juni
1988 dürfte sich der tatsächliche Mitgliederbestand auf etwa 2 500 belaufen haben, offiziell wurde die Zahl 7 000 genannt. Damals kam es auch zu erheblichen Streitereien auf
einer außerordentlichen Gesellschafterversammlung des
»res publica«-Verlages, mit der Folge, daß das Parteiorgan
eine Zeitlang nicht erscheinen konnte: Der Geschäftsführer,
Harald Neubauer, wurde abgewählt, und die Republikaner
mußten sich einen neuen Verlag für ihre Zeitung schaffen
(den RVG Verlag).

8. Das »Wunder von Berlin«

Als sich die Republikaner auf die Berliner Wahlen vorberei-
teten, befand sich die Organisation mithin auf einem Tief-
punkt ihrer Entwicklung. Und die innerparteiliche Krise
machte auch vor dem kleinen Landesverband in Berlin
(West) nicht halt. Hier war das ehemalige SPD-Mitglied
Professor Klaus Weinschenk im März 1987 zum Landesbeauftragten bestellt worden. Großsprecherisch kündigte die
Münchener Zentrale den »Sturm« auf Berlin an. Eine
»Kampfansage an die CDU« sei schon deshalb notwendig,
weil der geplante Besuchsaustausch des Regierenden Bürgermeisters Eberhard Diepgen mit dem SED-Chef Erich
Honecker ebenso skandalös sei wie die Zustimmung der
Berliner CDU zu einem Rosa-Luxemburg-Denkmal. Die
geplante Gründung eines Landesverbandes Ende Mai auf

dem Haveldampfer »Vaterland« konnte wegen organisatorischer Mängel noch nicht stattfinden. Gleichwohl wetterte der Bundesvorsitzende gegen das »Leichtgewicht Diepgen« und prahlte vor den 350 Teilnehmern an der Schiffspartie mit seinen Erfolgen. Am ersten öffentlichen Auftritt der Berliner Republikaner vor dem Reichstag im Juli nahmen ganze 40 REP-Anhänger teil. Erst im September 1987 wurde der Landesverband von einer Handvoll Personen offiziell aus der Taufe gehoben. Bis Ende des Jahres organisierte die Partei allenfalls 50 Mitglieder.

Kaum ein Jahr nach der Gründung zerstritten sich die Berliner Republikaner über die Frage einer Wahlteilnahme. Auf einer Landesmitgliederversammlung am 21. Juni 1988 sprachen sich der Vorsitzende und sein Stellvertreter, Dr. Otto Wenzel (ehemals SPD), sowie die stellvertretende Bundesvorsitzende Dr. Ute Witt (ehemals CDU) in Anbetracht der Wahlniederlagen im Bundesgebiet und wegen des unzureichenden Organisationsstandes in Berlin gegen eine Wahlbeteiligung aus, wurden jedoch mit großer Mehrheit überstimmt und verließen im Juli 1988 die in Berlin zu dieser Zeit angeblich 250 Mitglieder zählende Partei (diese Angabe wurde später sogar offiziell als übertrieben bezeichnet). Im August 1988 fand der erste ordentliche Landesparteitag statt. Neuer Berliner REP-Chef wurde der Wahlbefürworter und vormalige zweite Stellvertreter Weinschenks, der Polizeibeamte Bernhard Andres (zuvor CDU- bzw. FDP-Mitglied). Zu seinen Stellvertretern avancierten die Abiturientin Alexandra Kliche und Carsten Pagel, der früher Kreisvorsitzender der Jungen Union (JU) im Bezirk Tiergarten und dort auch Bezirksverordneter der CDU war. Die 46 Delegierten sprachen sich für eine Wahlteilnahme im Januar des folgenden Jahres aus, verabschiedeten ein Wahlprogramm und bestimmten Andres zum Spitzenkandidaten und weitere 15 Personen für die Landesliste. Nur mit Mühe und Not gelang es der Partei, die für eine Wahlteilnahme geforderten 4000 Unterschriften zusammenzubringen.

In dem sonst eher langweiligen Berliner Wahlkampf sorgte das Auftreten der Republikaner nicht nur bei antifaschistischen Organisationen und Initiativen, sondern auch bei

Parteien und Gewerkschaften für große Empörung, zumal sich innerhalb und am Rand der Partei auch Personen aus der rechtsextremen und neonazistischen Szene betätigten. Darunter befanden sich ehemalige Mitglieder der von den Alliierten mit einem Betätigungsverbot belegten NPD, die im Januar 1989 sogar zur Wahl der Republikaner aufrief. Anders übrigens als die DVU, die sich für eine rechtsextreme Splittergruppe, die Demokratische Allianz (DA), einsetzte.

Zwei Ereignisse verschafften den Republikanern im Januar 1989 erhebliche Publizität und wurden vielfach, aber zu Unrecht, als ausschlaggebend für ihren unerwarteten Wahlerfolg gewertet. Das war zum einen die Ausstrahlung eines REP-Wahlspots am 2. Januar im Sender Freies Berlin (SFB): Die Empörung über den eindeutig ausländerfeindlichen Film reichte von der Alternativen Liste (AL) bis zur CDU. Diverse Ausländergruppen protestierten, und die Ausländerbeauftragte des Berliner Senats stellte Strafanzeige wegen Volksverhetzung. (Das Verfahren wurde im März 1989 eingestellt. In der Begründung der Staatsanwaltschaft hieß es, daß der Spot zwar ausländerfeindlich sei, nicht jedoch den Tatbestand der Volksverhetzung erfülle.) Die SPD forderte die Messegesellschaft auf, den Republikanern das Internationale Congress Centrum (ICC) für die geplante Wahlkampfveranstaltung am 18. Januar zu verweigern. Der Innenausschuß des Abgeordnetenhauses befaßte sich mit dem Wahlspot, der am 19. Januar nochmals gesendet werden sollte. Auf Antrag des Vertreters der Jüdischen Gemeinde kritisierte der Rundfunkrat des SFB den Werbefilm als »eindeutig volksverhetzend«, »ekelerregend und abstoßend« und forderte – wie schon zuvor der Vorsitzende des Ausländerausschusses des Abgeordnetenhauses, Ekkehard Wruck (CDU) – den Intendanten des Senders auf, eine erneute Ausstrahlung abzulehnen. Dies tat er dann auch, woraufhin die Republikaner die Sendung gerichtlich erzwangen. Die Wiederholung des Films stieß mithin auf das breite Interesse einer neugierigen Öffentlichkeit.

Das zweite Ereignis war die bereits erwähnte REP-Wahlkampfveranstaltung im ICC. Da weder der Senat noch die

Messegesellschaft den Versuch unternahmen, den Republikanern die Räumlichkeiten vorzuenthalten, formierte sich
ein breites Bündnis (u. a. AL, Jusos, SEW, VVN, Gewerkschaften und Sozialdemokraten), das zu einer Demonstration gegen die zentrale Wahlkampfveranstaltung aufrief.
Daran beteiligten sich etwa 10000 Personen. Als der Zug
das von der Polizei abgeriegelte ICC erreichte, kam es zu
außerordentlich gewalttätigen Auseinandersetzungen zwischen Demonstranten und Polizisten. Nahezu 100 Beamte
und eine unbekannte Anzahl von Demonstrationsteilneh-
mern wurden verletzt, der SPD-Abgeordnete und heutige
Berliner Innensenator Erich Pätzold wurde vom Strahl eines Wasserwerfers erfaßt. Die Beurteilung der Ereignisse
vor dem ICC, das Verhalten von Polizei und Demonstranten, wurde, wie schon der Wahlspot, zu einem wichtigen
Wahlkampfthema. Die Republikaner waren schlagartig
Stadtgespräch. Es war ihnen vor allem auch deshalb möglich, in das Zentrum des Medieninteresses zu rücken, weil
die anderen Parteien einen außerordentlich müden Wahlkampf betrieben und sich der drückenden sozialen Probleme vieler Bürger nur unzureichend annahmen.

Bei der Wahl am 29. Januar 1989 erhielten die Republikaner völlig überraschend 7,5 Prozent der Zweitstimmen (11
Mandate im Abgeordnetenhaus und weitere 36 in den Be-
zirksverordnetenversammlungen) und damit einen Publizi-
tätsschub weit über Berlin hinaus. Die stellvertretende Bundesvorsitzende Johanna Grund sprach später vom »Wunder von Berlin«. Mit dem 29. Januar war die Talfahrt der
Partei beendet, Mitglieder und Funktionäre spürten wieder
Auftrieb: Nun stiegen die Mitgliederzahlen rasch an, Berichte von Übertritten aus den Unionsparteien häuften sich,
die Organisation konnte bundesweit auf Landes- und Kreis-
ebene ausgebaut und im April 1989 die Gründung des elften
und letzten Landesverbandes im Saarland gemeldet werden.
Zu dieser Zeit bezifferte Schönhuber die REP-Mitglieder-
zahl mit 14000 und sagte, nach neuerlichen Erfolgen in
Hessen, »erdrutschartige Ergebnisse« für die Europawahl
voraus.

9. Erfolge in Hessen – Krach in Berlin

Bei den hessischen Kommunalwahlen am 12. März 1989 hatten sich die Republikaner zwar nur in zwei Kreisen (Rheingau-Taunus-Kreis und Wetteraukreis) beteiligt, wo sie allerdings mit 10,5 bzw. 7,0 Prozent die NPD (1,6 % bzw. 4,7 %) überflügeln konnten. Diese kandidierte in vier Kreisen (die beiden anderen Ergebnisse: 4,9 % und 5,2 %), in der Kreisstadt Bad Hersfeld (5,6 %) und in der kreisfreien Stadt Frankfurt, wo sie 6,6 Prozent der Stimmen und 7 Sitze im Stadtparlament errang.

Die Republikaner waren in dieser Zeit sichtlich bemüht, die nach wie vor bestehenden inneren Spannungen zu kaschieren. Allein in Berlin wurden die Grabenkämpfe weiterhin offen ausgetragen. Umstritten war vor allem der Landesvorsitzende Andres wegen seiner rabiaten Umgangsformen mit innerparteilichen Kritikern. Überdies war gegen ihn seit Herbst 1988 ein Disziplinarverfahren anhängig, nachdem er wegen fortgesetzter Urkundenfälschung eine Geldbuße von 3000 DM entrichtet hatte. Wegen Mißbrauch seines Beamtenstatus während des Wahlkampfes drohte ihm überdies ein weiteres Disziplinarverfahren. Als der REP-Bezirksverordnete und Kreisvorsitzende von Charlottenburg, Rainer Beyer, Kritik an der Vergangenheit führender Parteimitglieder äußerte und vor einer Unterwanderung der Organisation durch Rechtsextremisten warnte, wurde er Ende Februar aus der Partei ausgeschlossen.

Im April verließ die stellvertretende Landesvorsitzende Alexandra Kliche die Republikaner und schloß sich wenig später der CDU an. Sie begründete ihren Austritt unter anderem damit, daß zu viele »Leute aus der neonazistischen Szene« in die Partei gelangt seien und kritisierte »Ränkespiele« und »Gewalt« unter den Mitgliedern. In dem Buch »Nichts wie weg!« rechtfertigt sie ihren publikumswirksam eingefädelten Schritt mit harscher Kritik an der Organisation: Sie beklagt »Prügeleien, Beschimpfungen . . . Intrigen, Filz, Verleumdungen, Unterschlagungen, Bespitzelungen, Geld- und Machtgier«. Ausschlaggebend war aber angeblich die »Unterwanderung« der Partei durch »Nazis«, »Neonazis« oder »Faschisten«:

> »Wie viele Nazis waren mittlerweile unter uns, in unserem Umfeld, unter unseren Wählern? Hundert, tausend, zehntausend oder mehr?«

Und an anderer Stelle:

> »Mir wurde auch immer deutlicher, wie die REPs die Grenzen zwischen rechter CDU und NPD/DVU verwischen. Die Republikaner sind rechts von der CDU, und die NPD befindet sich wiederum rechts von den REPs. Sie vereinigen ehemalige CDU-Mitglieder mit NPD-Anhängern. Ein wildes Gemisch, bei dem keiner mehr die Konservativen von den Rechtsextremen unterscheiden kann. Auf diese Weise wird der Rechtsextremismus legalisiert. Nein, er ist sogar schon legalisiert. Völlig naiv hatte ich mich für diese Politik engagiert, viel Arbeit, Zeit und Kraft hineingesteckt. Mir wurde eng ums Herz. Es blieb wohl nichts anderes, als diese von Faschisten unterwanderte Partei zu verlassen.«

Alexandra Kliche fand Unterstützung bei dem ehemaligen CDU-Mitglied und Landesvorsitzenden der Berliner Schüler-Union, dem REP-Bezirksverordneten in Tiergarten Bernt Handschuhmacher. Dieser wurde Ende April aus der Tiergartener Fraktion ausgeschlossen und mit einem Parteiausschlußverfahren belegt. Im Mai trat er wieder in die CDU ein. Zuvor hatte er gegen Andres Strafanzeige erstattet. Dieser soll ihn während einer Besprechung im Rathaus Schöneberg »schmerzhaft in den Polizeigriff« genommen, »vor die Tür gesetzt« und dabei sein Oberhemd zerrissen haben.

Die Kritik am desolaten Zustand der Berliner Organisation und an ihrem Chef breitete sich aus. Anfang Mai verließ die Spandauer Bezirksverordnete Ingrid Kliche, die Mutter von Alexandra Kliche, die Partei. Der für Anfang Mai geplante Landesparteitag wurde verschoben, angeblich, weil kein geeigneter Raum zur Verfügung stand. Presseberichten zufolge wollten die Republikaner allerdings den zu erwartenden offenen Streit um den Vorsitzenden und gegebenenfalls dessen Ablösung durch seinen Stellvertreter Pagel auf einen Termin nach der Europawahl vertagen.

10. Der endgültige Durchbruch bei der Europawahl

Das zweite Vierteljahr 1989 stand ganz im Zeichen des Europawahlkampfes, und zwar sowohl für die Republikaner als auch für die von der NPD unterstützte DVU-Liste D, die sich die Wahlschlacht bis zu 18 Millionen DM kosten lassen wollte.

NPD und DVU hatten nach dem Erfolg von Bremen ihre Wahlabsprache ergänzt: Die Schleswig-Holstein-Wahl (1988) und die Bundestagswahl 1990 sollten der NPD vorbehalten bleiben, während die DVU für sich die Europawahl 1989 reklamierte. Diese Übereinkunft führte erneut zu heftigem Krach innerhalb der NPD. Mußgnug scheint dabei einige Formfehler begangen, jedenfalls aber einem erheblichen Teil der Funktionäre vor den Kopf gestoßen zu haben. Im Mittelpunkt der Kritik an Frey stand wiederum der Vorwurf finanzieller Begehrlichkeit. Europawahlen sind nämlich besonders lukrativ: Mit vergleichsweise geringem organisatorischem und finanziellem Aufwand kann eine hohe Wahlkampfkostenerstattung erzielt werden, und dies gerade von kleinen Parteien, die hier zumeist besser abschneiden als bei »normalen« (Landes- und Bundes-)Wahlen.

Die Gegner der Kooperation mit Frey warfen diesem jedoch nicht nur eine ausschließlich auf Profit gerichtete Geschäftstüchtigkeit vor, bei der nicht die nationale Sache und schon gar nicht die Parteipolitik im Vordergrund stünde. Befürchtet wurde zudem, daß die NPD von der DVU »geschluckt« werden könnte oder gar, daß es Frey (wie schon früher) um eine Schwächung bzw. Spaltung der NPD zu tun sei. Frey mußte sich auch immer wieder mit dem Vorwurf auseinandersetzen, er betreibe im Grunde genommen das Geschäft der Unionsparteien, die alleiniger Nutznießer der Streitereien im »nationalen Lager« seien und gerade gegenwärtig alles daran setzen müßten, um eine Konkurrenzpartei zu verhindern, die ihre angeschlagene Mehrheit nachhaltig gefährden könnte.

Mit enormem Propagandaaufwand rivalisierten die Republikaner und die DVU – Liste D im Europawahlkampf um die Gunst im rechten Wählerlager, bestritten eine Vielzahl von publikumsträchtigen Großveranstaltungen und befehdeten sich gegenseitig mit Inbrunst. Und dies, obwohl aus Kreisen der Mitglieder und Sympathisanten immer wieder die Forderung nach einem Wahlbündnis aller Parteien der »nationalen Rechten« gestellt wurde.

Die NPD fragte, »REP – ein CDU-Wurmfortsatz?« und unterstellte, »Schönhubers Partei ist dazu da, das demokratisch-nationale Lager zu spalten und die CDU an der Macht zu halten!« NPD und DVU bezeichneten sich als die »authentische Rechte« und Schönhuber als »politisches Chamäleon«. Die Republikaner veröffentlichten eine Dokumentation »Gerhard Frey ohne Maske«, beschimpften den DVU-Vorsitzenden als »NS-Devotionalienhändler« und behaupteten, er habe mit der Opferbereitschaft gutgläubiger Idealisten ein Millionenvermögen auf seinen Privatkonten angehäuft.

Den »Bruderkampf« im rechtsextremen Lager konnten die Mannen um Schönhuber schließlich klar für sich entscheiden, trotz der finanziellen Potenz des Frey-Konzerns. Die Massenmedien berichteten vor allem über die Aktivitäten der Republikaner, und in der Demoskopie war nur von ihren Aussichten die Rede. Die DVU wurde zumeist kaum beachtet, und dies vermutlich nicht nur wegen der geringfügigen Resonanz in Umfragen, sondern auch wegen ihres neofaschistischen Images bei der breiten Öffentlichkeit. Beide Parteien hatten sich im Wahlkampf übrigens gleichermaßen mit (teilweise militanten) antifaschistischen Gegendemonstrationen auseinanderzusetzen. Derartige Ereignisse beeinflussen den Ausgang von Wahlen offenbar nicht so stark, wie vielfach angenommen wird.

Bei der Europawahl am 18. Juni 1989 erreichten beide Parteien zusammengenommen 2 453 550 Wähler bzw. 8,7 Prozent der gültigen Stimmen. Der Löwenanteil ging an die Republikaner: Mit über zwei Millionen Stimmen betrug ihr Resultat 7,1 Prozent. Sie werden künftig im Europäischen Parlament mit sechs Abgeordneten vertreten sein. Die von der NPD unterstützte DVU – Liste D konnte dagegen nur knapp eine halbe Million Wähler mobilisieren, bundesweit 1,6 Prozent der gültigen Stimmen. Überdurchschnittliche Ergebnisse erzielte die DVU in Bremen (3,2 %), Baden-Württemberg (2,4 %) und Hessen (2,3 %). In ihrer bayerischen Heimat brachte es die Frey-Partei auf ganze 1 Prozent.

11. Die Machtkämpfe gehen weiter

Im Vorfeld des für den 8. Juli 1989 geplanten Landesparteitages verhärteten sich in Berlin die innerparteilichen Fronten. Nachdem bereits Anfang Juni der stellvertretende Fraktionsvorsitzende im Abgeordnetenhaus, Richard Miosga, zurückgetreten war, legte der Fraktionsvorsitzende Andres sein Amt Ende des Monats nieder und schlug Pagel als seinen Nachfolger vor. Dies war offenbar als raffinierter Schachzug gedacht, um seine Wiederwahl als Parteivorsitzender zu sichern. Pagel durchschaute den Plan und lehnte das Angebot ab. Er strebte nach dem höchsten Amt im Berliner Landesverband.

Fraktionschef wurde der Polizeibeamte Frank Degen, und Miosga erklärte sich jetzt wieder bereit, einen der beiden Stellvertreterposten zu übernehmen. Eine Woche später begann die Berliner Staatsanwaltschaft gegen Andres wegen des Verdachts des Betruges und der Untreue zu ermitteln. Ihm wurden, unter anderem von dem REP-Fraktionsschatzmeister und ehemaligen Berliner NPD-Chef Rudolf Kendzia, finanzielle Unregelmäßigkeiten vorgeworfen. Andres wies die Vorwürfe zurück und vermutete im Hintergrund eine Kampagne seines Rivalen Pagel, der sich tatsächlich alle Mühe gab, den Landesvorsitzenden bei den Parteimitgliedern madig zu machen. Vergebens. Auf dem Parteitag setzte sich Andres nach turbulenten Debatten mit 192 zu 151 Stimmen gegen Pagel durch. Der anwesende

Bundesvorsitzende nahm nicht Partei. In einer vergleichsweise kurzen Rede beließ es Schönhuber bei massiven Beschimpfungen gegen Journalisten (»Volksverräter«) und Demonstranten. Besondere Empörung in der Öffentlichkeit rief seine Behauptung hervor, das Attentat vom 20. Juli 1944 auf Hitler sei ein »Putsch« gewesen.

Als Andres einige Tage nach dem Parteitag damit begann, »Ordnungsmaßnahmen« gegen Mitglieder der innerparteilichen Opposition einzuleiten, schlug die Empörung wiederum hohe Wellen. So solidarisierte sich die Fraktion mit Kendzia, dem durch Beschluß des Landesvorstandes ein Ausschlußverfahren drohte, und bezeichnete das Vorgehen von Andres als einen ungerechtfertigten »Rachefeldzug«. Ende August forderten mehrere Mandats- und Funktionsträger in einem offenen Brief die Amtsenthebung von Andres wegen »ungehemmtem Machtmißbrauch, Mißachtung demokratischer Grundsätze und Duldung von Gewaltanwendung gegen Parteimitglieder«. Der Fraktionsvorsitzende Degen bat daraufhin den Bundesvorsitzenden, entsprechende Maßnahmen gegen den Landesvorsitzenden einzuleiten. Einige Tage später verlangte dann auch Schönhuber die Ablösung von Andres, bestätigte Degen als kommissarischen Landesvorsitzenden und erklärte die vom alten Landesvorstand getroffenen Ordnungsmaßnahmen für unwirksam. Andres ignorierte jedoch das Votum aus München, da es sich dabei nicht um einen offiziellen Beschluß des in derartigen Fragen zuständigen Bundespräsidiums handelte. Mithin hatten die Berliner Republikaner nunmehr zwei Vorsitzende. Unterdessen hatte der Abgeordnete Artur Göllner wegen der heftigen Grabenkämpfe die Fraktion verlassen und seinen Parteiaustritt erklärt. Und Degen sah sich genötigt, wegen der wachsenden persönlichen Bedrohungen aus Parteikreisen Polizeischutz zu beantragen.

Um die drohende Spaltung des Berliner Landesverbandes zu verhindern, enthob das Bundespräsidium am 10. September Andres und seine Stellvertreter Weidlich und Gering ihrer Ämter. Zwei Tage später trennte sich auch die Abgeordnetenhausfraktion von Andres. Dieser mochte seine Niederlage immer noch nicht hinnehmen und kündigte Parteiausschlußverfahren gegen Degen, Pagel und Miosga sowie gerichtliche Schritte zu seiner Rehabilitierung an. Am Sonntag, dem 17. September 1989, setzte sich der alte Landesvorstand selbst wieder ins Amt ein, weil es das Bundespräsidium angeblich versäumt hatte, die Amtsenthebung schriftlich und unter Angabe von Gründen mitzuteilen. Was die Gruppe um Andres übersehen hatte, war, daß das Präsidium dafür nach der Satzung 14 Tage Zeit hat. Mit der Wochenendpost war der eingeschriebene Brief jedoch rechtzeitig auf den Weg gebracht worden, wie Bundesgeschäftsführerin Centa Hirsch mitteilte, und damit war das Ende der REP-Karriere von Andres besiegelt. Anfang Oktober entband ihn das Bundespräsidium von seinen Mitgliederrechten, am 4. Oktober verließ er die Republikaner und gründete tags darauf mit 17 Gesinnungsfreunden die Partei »Die Deutschen Demokraten«, die Mitte Oktober angeblich bereits 54 Mitglieder zählte. Die Mitgliedsnummer von Andres: 01.

Auf dem Höhepunkt der Berlin-Krise krachte es auch im niedersächsischen Landesverband, wo sich im Juli 1989 eine Opposition gegen den »Mini-Diktator« Norbert Margraf gebildet hatte. Der Möbelfabrikant Margraf gehörte bis Mitte der siebziger Jahre der NPD an und war maßgeblich am Aufbau der niedersächsischen Republikaner beteiligt. Die Opposition forderte in einem Schreiben an Schönhuber den Rücktritt des Landesvorsitzenden, woraufhin das niedersächsische REP-Präsidium elf »Rädelsführer der Verschwörung« ihrer Parteiämter enthob und Ausschlußverfahren einleitete. Die stellvertretende Bundesvorsitzende Johanna Grund stellte sich auf die Seite der Margraf-Gegner und telegrafierte Mitte August nach Hannover »Anordnung Präsidium: Landesvorstand . . . amtsenthoben. Brief folgt. Grund.« Später setzte sie den Hannoveraner Universitätsprofessor Berndt Tschammer-Osten als Landesbeauftragten ein. Der Sprecher der niedersächsischen Republikaner bezeichnete diese Anordnung als »Witz« und erklärte den »Größenwahn« der Parteispitze damit, daß in Bayern wohl gerade Föhn geherrscht haben müsse. Jedenfalls hatte sich Schönhuber zu dieser Zeit nicht in der Parteizentrale befunden. Als er von den Vorgängen erfuhr, erklärte er der Presse, seine Stellvertreterin habe die Absetzung des Landesvorstandes im Alleingang verfügt und forderte umgehend einen Landesparteitag, um einen neuen Vorstand zu wählen. Unklar blieb, wer solange in Niedersachsen das Sagen haben sollte: Margraf oder der Hauswirtschaftsprofessor. Ersterer räumte seinen Stuhl jedenfalls nicht.

Bis zu dem für Anfang September geplanten Parteitag fanden heftige Grabenkämpfe statt. Die Opposition hatte sich auf den Gastwirt Heinz-Dieter Fehlig als Kandidat für das Amt des Landesvorsitzenden geeinigt. Fehlig hatte vor seinem REP-Engagement 17 Jahre lang der CDU angehört. Er glaubte sich der Unterstützung von 19 der 21 REP-Kreisverbände sicher und polemisierte gemeinsam mit seinen Anhängern heftig gegen den Margraf-Flügel. So erklärte beispielsweise der Sprecher des Kreisverbandes Hannover, Andreas Dimpfel, bei den niedersächsischen Republikanern seien etwa 30 Prozent der Mitglieder früher in der NPD gewesen oder verträten zumindest deren Positionen. Der Einfluß der NPD-Kameraden auf der Funktionärsebene läge sogar noch wesentlich höher. Das brachte ihm ein Ausschlußverfahren ein sowie das (später allerdings gerichtlich aufgehobene) Verbot, am Landesparteitag teilzunehmen.

Am 9. September 1989 eröffnete Margraf in Anwesenheit des Bundesvorsitzenden den 5. Parteitag der niedersächsischen Republikaner, der als Mitgliedervollversammlung stattfand. 300 Teilnehmer repräsentierten 800 bis 1 000 Mitglieder. Die Veranstaltung, auf der Schönhuber einige empfindliche Schlappen hinnehmen mußte, die seine Autorität nachhaltig untergruben, glich zeitweilig einem Tollhaus. Der Bundesvorsitzende wollte den Landesvorstand loswerden und unterstützte nach Kräften die Opposition und deren Spitzenkandidaten Fehlig. Zum Parteitag hatte er extra einen Versammlungsleiter aus München mitgebracht, den die Mehrheit allerdings ablehnte. In 30 Redebeiträgen polterte er gegen seinen Duzfreund Margraf, der intellektuell nicht in der Lage sei, die Sache der Republikaner im bevorstehenden Landtagswahlkampf zu vertreten, und erklärte unumwunden, es gäbe viel zuviele »NPD- und DVUler« bei den Republikanern. Schönhuber wollte sein Engagement als Teil eines »Feldzuges« gegen »NPD-Vorstellungen« und für eine »Intellektualisierung« der Partei verstanden wissen. Die Margraf-Anhänger vermuteten in der Opposition allerdings eine von der CDU gesteuerte Unterwanderungskampagne und ließen sich von Schönhuber nicht einschüchtern, der drohte, im Falle eines Sieges von Margraf den niedersächsischen Wahlkampf nicht zu unterstützen. Mit 155 zu 132 Stimmen obsiegte Margraf über den siegessicheren Fehlig, dessen Anhänger daraufhin keine Posten in dem neuen Landesvorstand übernahmen.

Mit der »modernen jungen Rechtspartei«, wie sie Schönhuber vorschwebte, sollte es – wenigstens in Niedersachsen – vorerst nichts werden. Denn schon Ende September trafen sich Bundes- und Landespolitiker zu Kompromißverhandlungen. Auf der nach dem Reißverschlußprinzip zusammengesetzten Landesliste sollte Fehlig auf Platz 1 und Margraf auf Platz 4 und überdies außer Margraf kein ehemaliges NPD-Mitglied vertreten sein. Am 7. Oktober stellte sich Schönhuber öffentlich »im Sinne des Kompromisses« hinter Margraf. Darüber und über das Ergebnis des auch von Fehlig mitverantworteten Kompromisses zeigte sich die Opposition in Niedersachsen tief enttäuscht, beteiligte sich aber dennoch am Landesparteitag in Dannenberg (14. 10. 1989), wo die Landesliste beschlossen werden sollte. Die anwesenden 200 REP-Mitglieder lehnten es nach einer turbulenten Geschäftsordnungsdebatte mehrheitlich ab, den Anti-NPD-Kompromiß festzuschreiben und vertagten anschließend auch noch die vorgesehene Aufstellung der Landesliste. Daraufhin traten 25 Personen aus der Partei aus und versammelten sich zwei Stunden später zur Gründung einer neuen Partei. Den »Demokratischen Republikanern Deutschlands« unter der Leitung des Diplomingenieurs Eberhard Klas (Bundesvorsitzender) traten spontan 17 ehemalige Republikaner bei.

Zur Zeit der Fertigstellung des Manuskriptes deuten sich in drei weiteren Landesverbänden Konflikte an. Im Saarland gab der dortige Landesvorsitzende Hans-Helmuth Keßler Ende September sein Amt auf, weil er aus München kaum

Unterstützung gegen den extrem rechten Flügel seines Landesverbandes erhalten habe. In einem Mitgliederrundbrief waren zum Beispiel »Türkenwitze« und ausländerfeindliche Parolen veröffentlicht worden. Überraschend traten dann auch sieben von acht Vorstandsmitgliedern zurück, so daß der Landesverband ohne Vorstand war. Keßler kündigte für Oktober 1989 die Gründung einer neuen Partei, »Liberale Republikaner Saar«, an.

In Rheinland-Pfalz hat der Landesvorsitzende Herstein Probleme mit dem Koblenzer REP-Vorsitzenden Siegfried Bublies, einem in rechten Kreisen weithin bekannten Vertreter des nationalrevolutionären Neuen Nationalismus. Bublies gibt die auch in der Alternativszene beachtete Zeitschrift »wir selbst« heraus und steht in der Partei für eine von jungen Intellektuellen getragene Richtung, die einen »modernen« Nationalismus propagiert und erhebliche Vorbehalte gegenüber dem traditionellen Rechtsextremismus hegt. Daher wird allgemein damit gerechnet, daß Herstein auf dem kommenden Landesparteitag einen Gegenkandidaten für das Amt des Landesvorsitzenden bekommen werde, der dieser Richtung angehört bzw. ihr nahesteht.

Eine ähnliche Konfliktstruktur zeichnet sich in Nordrhein-Westfalen ab, wo der Landesvorsitzende Kurt Beckmann Mitte Oktober zurücktrat. Ursächlich dafür war sein Konflikt mit der Kölner REP-Gruppe um Markus Beisicht, der auch stellvertretender Landesvorsitzender und Mitglied des Bundesvorstandes ist. Beisicht zählt ebenfalls zu den jungen Nationalisten und hatte gegenüber dem »Spiegel« erklärt, daß 11 von 21 Landesvorstandsmitgliedern früher in der NPD oder der DVU organisiert waren. Dies trug ihm und zwei weiteren Kölnern Ausschlußverfahren seitens des Landesvorstandes ein. Schönhuber konnte Beckmann jedoch davon überzeugen, daß disziplinarische Maßnahmen der Partei zum damaligen Zeitpunkt (Kommunalwahlen in Nordrhein-Westfalen) schadeten. Als sich der Landesvorsitzende zu Hause jedoch nicht gegen seine Vorstandskollegen durchsetzen konnte, die auf dem Ausschlußverfahren beharrten, resignierte er. Der Landesvorstand berief die Bonner Kreisvorsitzende und stellvertretende Landesvorsitzende Etti Scherer zur kommissarischen Vorsitzenden. Für die reguläre Neuwahl des Landesvorsitzenden hat Beisicht mittlerweile seine Kandidatur angekündigt. Der Konflikt dürfte sich aber auch bei der Aufstellung der Kandidaten für die Landtagswahl im Mai 1990 auswirken.

Schließlich monieren auch in Schleswig-Holstein junge Nationalisten aus einer Burschenschaft, daß Landesverband und Landesvorstand zu stark mit ehemaligen Kadern aus altnationalistischen Organisationen durchsetzt seien. Ihnen geht es offenbar ebenfalls darum, mehr innerparteilichen Einfluß zu erringen. Ob sich der Landesvorsitzende Professor Emil Schlee für diese Richtung öffnet, bleibt abzuwarten. Immerhin ist Schönhuber mehr und mehr darauf bedacht, seiner gegenwärtig (November 1989) angeblich 24 000 Mitglieder starken Partei ein gemäßigtes Image zu geben und sie von »Schreiern, Rechtsextremen und Kriminellen« zu säubern. In diesem Zusammenhang ist auch die Überarbeitung des Parteiprogramms im Vorfeld der Bundestagswahl 1990 zu sehen, wo prominente Konservative, zum Beispiel der Erlanger Universitätsprofessor Hellmut Diwald, mitwirken.

Die internen Konflikte haben sich bislang bei Wahlen nicht negativ ausgewirkt. Wo die Republikaner bei den Kommunalwahlen in Nordrhein-Westfalen (1. 10. 1989) kandidierten, gelang ihnen zumeist der Sprung in die Gemeinde- oder Stadträte. Obwohl sie nur in 22 von 54 Wahlkreisen antraten, erzielten sie insgesamt 41 Mandate. NPD und DVU blieben dagegen bedeutungslos. Einige Beispiele aus dem vorläufigen amtlichen Endergebnis (in Klammern die Mandate): Düsseldorf 6,2 % (5), Köln 7,4 % (7), Leverkusen 6,4 % (3), Gelsenkirchen 7,4 % (5), Dortmund 6,3 % (5), Hagen 7,2 % (4), Hamm 7,0 % (4).

Am 22. Oktober 1989 fanden in Baden-Württemberg Kommunalwahlen statt. Dort traten die Republikaner nur in wenigen Gemeinden an, erzielten zumeist aber beachtliche Ergebnisse. Auch dazu einige Beispiele aus dem vorläufigen amtlichen Endergebnis: Pforzheim 11,1 % (6), Heilbronn 10,8 % (5), Stuttgart 9,5 % (6), Mannheim 8,8 % (4), Ulm

6,6 % (3), Freiburg 5,9 % (3), Karlsruhe 5,2 % (3), Heidel-
berg 4,2 % (1).

12. Angaben zur Parteiorganisation

Seit Juni 1989 verfügen die Republikaner in allen Bundesländern über eine Landesorganisation. Über den Umfang
nachgeordneter Gebietsverbände liegen keine zuverlässigen
Angaben vor, ebensowenig über Kontinuität und Intensität
der innerparteilichen Willensbildung. Der Mitgliederbestand wird gegenwärtig (November 1989) mit 24 000 ange-
geben, im Juni 1989 sollen es 14 000, Ende 1988 rund 8 000
gewesen sein. Mit Sicherheit hatten die Republikaner nach
dem sensationellen Wahlergebnis von Berlin bundesweit einen Eintrittsboom zu verzeichnen. Dessen Ausmaß läßt sich
jedoch noch nicht genau abschätzen. Es mehren sich allerdings die Hinweise dafür, daß mit dieser Eintrittswelle viele
Personen aus der rechtsextremen Szene zu den Republikanern gelangt sind. Nach Auffassung des nordrhein-westfäli-
schen Innenministers entwickeln sie sich zu einem »Sam-
melbecken für Rechtsextremisten«.

Mitgliederzahlen der Republikaner

Landesverband	Mitglieder
Baden-Württemberg	1 200
Bayern	4 500
Berlin	1 500
Bremen	70
Hamburg	188
Hessen	1 200
Niedersachsen	1 000
Nordrhein-Westfalen	1 000
Rheinland-Pfalz	700
Saarland	130
Schleswig-Holstein	500
Summe	11 988

Die Angaben sind der Presse entnommen und beruhen auf Mitteilungen der Republikaner. Sie beziehen sich auf unterschiedliche Zeitpunkte zwischen Februar und Mai 1989.

Die Republikaner sind in besonderem Maße von der Person Schönhubers geprägt. Sein Name ist überall in der Bundesrepublik bekannt, er ist das Zugpferd, das die Wahlkämpfe und Parteiveranstaltungen fast allein bestreitet, sein rhetorisches Talent füllt selbst größte Versammlungssäle. Schönhuber repräsentiert die Partei, die mit seiner Person einen regelrechten Kult betreibt. Er steht für das Programm und die Ziele der Organisation, und er dominiert das innerparteiliche Leben. Für ihn gibt es nur Gefolgsleute und Gegner, wer sich ihm nicht unterwirft, wird über kurz oder lang aus der Partei gedrängt. Und dies, obwohl die Republikaner einst gegen die »Ein-Mann-Demokratie« des »absolutistischen Fürsten« Franz Josef Strauß zu Felde gezogen sind. Bernd Gäbler urteilt (in: Hellfeld, Dem Haß keine Chance):

> »Schönhuber ist der Typ, der Konkurrenten gnadenlos zur Schnecke machen kann und nicht nur bewundert werden will, sondern auch machtgierig ist. Die junge Parteigeschichte der Republikaner ist so vor allem eine Geschichte seiner diktatorischen Durchsetzungskraft.«

Neben Schönhuber finden sich in den Führungsgruppen der Partei kaum profilierte bzw. talentierte Persönlichkeiten aus dem konservativen oder dem rechtsextremen Spektrum; eine Ausnahme bilden möglicherweise Carsten Pagel in Berlin und Harald Neubauer in Bayern. Dies dürfte daran liegen, daß bislang keine namhaften Übertritte aus den Unionsparteien zu verzeichnen waren, die die Machtposition von Schönhuber hätten ernsthaft gefährden können. Und Schönhuber wird aus Furcht vor unliebsamer Konkurrenz von sich aus kaum vorzeitig Hilfestellung für die Rekrutierung von qualifizierten Top-Leuten in die Führungsgremien leisten.

Gleichwohl sollte die rechtsintellektuelle Potenz des Nachwuchses nicht unterschätzt werden. Nach Beobachtungen von Andreas P. Zaleshoff ist die Qualifikation der (zumeist männlichen) REP-Funktionäre im Gegensatz zu denen von NPD und DVU sehr hoch. Stark vertreten sind junge Leute im Alter bis zu 25 Jahren und die Generation der 45- bis 55jährigen. Beide Altersgruppen (Väter und Söhne) haben ihre politische Sozialisation in der Bundesrepublik erfahren, die letztgenannte in den fünfziger, die erstgenannte in den achtziger Jahren. Im Funktionärskörper der Republikaner sind Vertreter des öffentlichen Dienstes, insbesondere Polizisten, Grenzschützer und Soldaten, stark überrepräsentiert. Zaleshoff erklärt dieses Ergebnis mit der Tatsache, daß die Republikaner nicht Beobachtungsobjekt der Verfassungsschutzämter sind, und die Betroffenen mithin keine disziplinarischen Konsequenzen zu erwarten haben. Überdies sei die Sprache der Republikaner nicht so stark mit den bekannten rechtsextremen Schlagworten überladen, und die Partei präsentiere sich moderner und intelligenter als etwa die NPD. Gleichwohl ist der Anteil von bekannten Rechtsextremisten an den REP-Funktionsträgern sehr hoch. Dies gilt beispielsweise für mehr als ein Fünftel der Parteikandidaten für die Landtagswahl in Schleswig-Holstein oder, um ein anderes Beispiel zu nennen, für rund die Hälfte der Vorstandsmitglieder in Nordrhein-Westfalen. Alles was rechtsextrem sei, äußerte ein Beamter im Düsseldorfer Innenministerium, ströme jetzt hin zu den Republikanern im Lande.

Über die Aktivität von Neben- oder Suborganisationen liegen keine hinreichenden Angaben vor. Insbesondere mit dem Aufbau einer Nachwuchsorganisation taten sich die Republikaner offenbar schwer. Das für Ende 1983 in der Presse gemeldete Vorhaben des bayerischen Landesverbandes, eine eigene Jugendorganisation mit dem Namen »Junge Republikaner« ins Leben zu rufen, konnte zunächst nicht realisiert werden. Erst Ende Mai 1987 wurde die Organisation gegründet und im Dezember des Jahres in das Münchener Vereinsregister eingetragen. Ob der in Nordrhein-Westfalen unter Beteiligung von ehemaligen Nationalrevolutionären im September 1988 gebildete Landesarbeitskreis »Junge Republikaner« einen Landesverband der offiziellen Jugendorganisation der Partei darstellt, ließ sich nicht klären. Leiter des Arbeitskreises wurde Marcus Bauer, einer der Initiatoren der nationalrevolutionären »politischen Offensive«. Im Mai 1989 gründeten etwa 40 Studenten aus verschiedenen Teilen der Bundesrepublik in München den Republikanischen Hochschulverband (RHV) und bestimmten zu einem der drei gleichberechtigten Sprecher den Jura-

56

studenten und früheren bayerischen REP-Kandidaten Alexander von Schrenck-Notzing, den Sohn des »Criticon«-Herausgebers Caspar von Schrenck-Notzing. Gute Kontakte und personelle Querverbindungen bestehen zudem zwischen den Republikanern und dem vor allem in Nordrhein-Westfalen aktiven Ring freiheitlicher Studenten (RFS). Dessen Chef, der bereits erwähnte Markus Beisicht, bekleidet mehrere Parteiämter.

Offizielles Organ der Partei ist »Der Republikaner«. Er steht derzeit im 6. Jahrgang und erschien nach eigener Angabe während des Europawahlkampfes in einer Monatsauflage bis zu 100 000 Exemplaren im parteinahen RVG-Verlag (gegründet August 1988), der auch den Vertrieb von REP-Werbemitteln, Broschüren und Literatur besorgt. Als den Republikanern zumindest nahestehend kann auch das in Köln erscheinende »Republikanische Nachrichtenmagazin« »Europa vorn« angesehen werden. Dessen Verleger, der Jurastudent Manfred Rouhs, hatte bei der vergangenen Bundestagswahl noch für die NPD kandidiert und engagierte sich als REP-Kandidat im Rahmen der Kommunalwahl in NRW. Auch die Zeitschrift »Junge Freiheit« sympathisiert mit den Republikanern. Das Blatt richtet sich vor allem an Studenten und Intellektuelle. Redakteur Boris Rupp ist stellvertretender Schriftführer im REP-Bundesvorstand.

Im Rechenschaftsbericht für 1987 weist die Partei Gesamteinnahmen von über 1,1 Millionen DM aus, davon stammen etwa 150 000 DM aus Mitgliedsbeiträgen. Neuere Zahlen liegen noch nicht vor. Erhebliche Mittel dürften der Partei aus der staatlichen Wahlkampfkostenerstattung zugeflossen sein. Eine genaue Übersicht steht nicht zur Verfügung. Für den Wahlerfolg in Bayern 1986 erhielten die Republikaner insgesamt etwa 1,3 Millionen DM, das Berliner Resultat dürfte knapp 600 000 DM und die Europawahl weitere 16 Millionen DM eingebracht haben. Der monatliche Mitgliedsbeitrag sollte mindestens 10 DM betragen (sozial Schwache: 5 DM). Gleichwohl hatte die Partei offenbar erhebliche Probleme, den Europawahlkampf zu finanzieren (geschätzte Kosten: 3,5 Millionen DM). Als die Stadtsparkasse Bonn als Hausbank der Republikaner bekanntgeworden war, wurde angeblich auf öffentlichen Druck hin die Kreditlinie der Partei erheblich beschränkt. Die Gewährung eines Kredits über 700 000 DM soll nicht zustande gekommen sein. Jedenfalls begab sich Schönhuber auf die Suche nach privaten Geldgebern, die er offenbar u. a. in der Düsseldorfer »Herrenrunde«, einem Kreis aus Vertretern der mittelständischen und Finanzwirtschaft in Nordrhein-Westfalen, fand.

KAPITEL 2

Was sie wollen: Programmatik und Ziele der Republikaner

Die Republikaner haben bislang vier Programme verabschiedet:

- »*Grundsatzprogramm der Republikaner*« (Gründungskongreß München, 27. 11. 1983),

- »*Siegburger Manifest*« (Bundesparteitag Siegburg, 16. 6. 1985),

- »*Programm der Republikaner*« (Bundesparteitag Bremerhaven, 2./3. 5. 1987),

- »*Dinkelsbühler Erklärung der Republikaner zur Europawahl*« (Bundesparteitag Dinkelsbühl, 3. 12. 1988).

Das 1983 beschlossene und bereits erwähnte Grundsatzprogramm war noch weithin rechtskonservativ ausgerichtet. Es verlor allerdings mit Beginn der rechtsextremen Ära Schönhuber seine Gültigkeit. Ich werde mich daher auf die Entwicklung seit 1985 konzentrieren. Das für Ende 1989 angekündigte neue Parteiprogramm, die inhaltliche Plattform für die Bundestagswahl 1990, liegt mir noch nicht vor.

Bei der Analyse von Programmen rechtsextremer Organisationen ist vorab zu bedenken, daß diese gerade auch mit Blick auf mögliche (verfassungs)rechtliche Einwände sorgfältig formuliert sind. Anders als in den meisten westeuropäischen Demokratien können in der Bundesrepublik nämlich Verbände und Parteien verboten werden, wenn sie gegen den Geist der Verfassung verstoßen. So bestimmt Artikel 9 des Grundgesetzes, daß »Vereinigungen, deren Zweck oder deren Tätigkeit den Strafgesetzen zuwiderlaufen oder die sich gegen die verfassungsmäßige Ordnung oder gegen den Gedanken der Völkerverständigung richten«, zu verbieten sind. Und in Artikel 21 heißt es:

> »Parteien, die nach ihren Zielen oder nach dem Verhalten ihrer Anhänger darauf ausgehen, die freiheitliche demokratische Grundordnung zu beeinträchtigen oder zu beseitigen oder den Bestand der Bundesrepublik Deutschland gefährden, sind verfassungswidrig.«

Mit diesen Vorschriften will das Grundgesetz die Demokratie gegen ihre Feinde schützen. Ob ein derartiger Verfassungsschutz nützlich oder sinnvoll ist, mag dahingestellt bleiben. Jedenfalls wird deutlich, daß es bei einem möglichen Verbot (dazu mehr im 4. Kapitel) nicht allein auf das Programm ankommt. Genauso wichtig sind die politische Praxis und das Verhalten der Mitglieder. Bei der Darstellung von Programm und Zielen der Republikaner werde ich mich daher nicht nur auf die offiziell verabschiedeten Dokumente beschränken, sondern auch die Parteipresse, Propagandamaterial und Reden der führenden Funktionäre berücksichtigen.

1. Nur verbale Abgrenzung nach rechts

Nach wie vor sehen die Republikaner ihren politisch-programmatischen Standort zwischen den Unionsparteien und den Parteien des Rechtsextremismus, jedoch »eindeutig rechts von der Mitte«, wie Schönhuber betonte. Daher kommt es ihnen sehr gelegen, daß sie in der Öffentlichkeit zumeist nicht als rechtsextrem bezeichnet werden und mithin auch nicht Objekt der Observation durch die Verfassungsschutzämter sind (Ausnahme: Nordrhein-Westfalen). In Paragraph 3 ihrer Satzung grenzen sich die Republikaner formal nach rechts und links ab:

> »Mitglied der Partei DIE REPUBLIKANER kann nicht werden oder sein, wer einer verfassungswidrigen Organisation oder einer links- oder rechtsextremistischen Gruppe angehört oder sie unterstützt."

Im Mai 1988 bekräftigte der Bundesvorstand diese Abgrenzungsvorschrift:

> »Um eine Unterwanderung durch verfassungsfeindliche, radikale Kräfte von links und rechts zu unterbinden und den weiteren Ausbau einer sozialpatriotischen Partei nicht zu belasten, hat der Bundesvorstand auf Antrag des Bundesvorsitzenden Franz Schönhuber beschlossen, ein Eintrittsverbot für noch amtierende Funktionäre der DKP, DVU, NPD und FAP zu erlassen.«

Schon aus wahltaktischen Gründen müssen die Republikaner darauf bedacht sein, daß sie nicht in den Geruch des Neofaschismus kommen und damit potentielle Wähler aus dem Lager der Unionsparteien abschrecken. Im Parteinamen wird auf Attribute wie »deutsch« oder »national« verzichtet. Und im allgemeinen Sprachgebrauch bevorzugt man die Bezeichnung »patriotisch«. Zudem erweckt der Name »Die Republikaner« keine Assoziationen an »Partei« oder »Union« und schon gar nicht an historisch belastete oder verstaubte Vorbilder. Vielmehr wird damit das Image des Neuen, Unverbrauchten erzeugt. In der Sache decken sich die wichtigsten REP-Forderungen freilich weithin mit denen von NPD und DVU, wenn auch die Republikaner, anders als die NPD, bis auf wenige Ausnahmen Anklänge an den Neuen Nationalismus vermeiden (dazu später). Dies bringt sie eher in die Nähe der DVU, die im Unterschied zur NPD klar dem Alten Nationalismus verpflichtet ist. Die programmatische Distanz der Republikaner zu den Unionsparteien – die sie zwar ebenfalls heftig kritisieren, an denen sie sich jedoch längerfristig bündnispolitisch orientieren – ist wesentlich größer. Von ihnen unterscheiden sie sich vor allem hinsichtlich des Konzeptes zur Klärung der nationalen Frage und in der Europapolitik, nicht aber beispielsweise in der Ausländerfrage. So können auch Unionspolitiker mit gewissem Recht darauf verweisen, daß die Republikaner bei ihnen abgeschrieben haben.

2. Nationaler Größenwahn

Im Unterschied zum Grundsatzprogramm der Republikaner von 1983 ist das Programm von 1987 kompakter, verzichtet auf die Etikettierung als »konservativ-liberale Volkspartei« und stellt die Forderung nach »nationaler Selbstbesinnung und geistig-moralischer Erneuerung« in den Mittelpunkt des Forderungskataloges. Die Eingangspassage des neuen Programms »Zur Lage der geteilten Nation und des deutschen Volkes« könnte nach Inhalt und Diktion auch aus dem Repertoire der NPD oder der DVU stammen. Dort heißt es unter anderem:

»Die im internationalen Vergleich volkswirtschaftlich und sozial günstige Lage der Deutschen der Bundesrepublik täuscht darüber hinweg, daß in ganz Deutschland die geistige und politische Kultur zunehmend verwahrlost, die Sitten mißachtet werden und der Wille schwindet, die nationale Einheit wiederherzustellen. Durch eine gegenläufige Umerziehung der Deutschen in den Teilstaaten wächst die Entfremdung. Sie wird durch die gegenwärtige Bonner Deutschlandpolitik noch gefördert . . .

Die christlich-liberale Regierung hat entgegen den erklärten Zielsetzungen der Oppositionszeit weder Ansätze zur ›geistig-moralischen Wende‹ erkennen lassen, noch wirksame Ordnungsaufgaben zum Schutze der Bürger in Angriff genommen . . .

Das sich am schlimmsten, weil langfristig auf alle Lebensbereiche auswirkende Versagen liegt auf dem Gebiet von Erziehung und Bildung der jungen Menschen. Sie sind in eine Sinnkrise mit einem immer größer werdenden Verlust an ethischen Werten gestürzt worden.

Auch die von der Union geführte Regierung fixiert die deutsche Vergangenheit weiterhin auf zwölf Jahre nationalsozialistischer Herrschaft. Sie tut nichts, um mit der Entkriminalisierung deutscher Kultur, Geschichte und ihrer Menschen zu beginnen. Die Kriegspropaganda der Siegermächte ist in unsere Geschichtsbücher eingegangen, und ihre Übertreibungen und Fälschungen müssen von der Jugend weitgehend geglaubt werden, da eine objektive Geschichtsschreibung immer noch nicht in vollem Umfang ermöglicht wird.«

In diesen Sätzen manifestiert sich eine abgrundtiefe Verachtung der bundesdeutschen Demokratie. Nach Auffassung der Republikaner dienen der Sozialstaat und das Bildungswesen allein dazu, das Nationalbewußtsein einzuschläfern. Deutsche Kultur und Geschichte seien durch die »Kriegspropaganda der Siegermächte« und durch die Umerziehung angeblich verfälscht und kriminalisiert worden. Die Machthaber in Bonn haben sich nach Kräften – so lautet der Vorwurf – an diesem Anschlag auf das Deutschtum beteiligt und alles darangesetzt, die Nation zu zerstören. Aber noch sei Deutschland nicht verloren! Denn die Republikaner seien da und bewahren das Reich vor dem Untergang.

Dieses Bild gehört zum traditionellen Inventar des bundesdeutschen Rechtsextremismus, der die Schuld am Untergang des Deutschen Reiches seit 45 Jahren unermüdlich den Amerikanern und Russen, den Engländern und Franzosen, der CDU/CSU und der SPD anlastet, um von der Tatsache abzulenken, daß die Zerstörung des Reiches zuallererst auf das Konto des deutschen Rechtsextremismus in Gestalt der Nationalsozialisten und der Deutschnationalen geht, also auf das Konto der unmittelbaren Vorläufer des Nachkriegs-Rechtsextremismus, die dieser nach Kräften zu entschuldigen bemüht ist. Kurz: Die Republikaner stellen sich einen gefälschten »Persilschein« aus.

Wie schon 1983 wird auch im Programm von 1987 die Wiedervereinigung Deutschlands als vorrangiges Ziel bezeichnet. Der alte »Dreistufenplan« findet sich allerdings nicht mehr. Die Republikaner gehen nunmehr vom Fortbestehen des Deutschen Reiches aus und setzen auf einen »Friedensvertrag mit den Siegermächten als den Verantwortlichen für Deutschland als Ganzem«. Wiederum wird die Verantwortung auf andere abgewälzt. Nicht wir Deutschen in Ost und West sind vorrangig für unsere Einheit zuständig und haben – dort wie hier – zu entscheiden, ob wir sie wollen oder nicht. Nein, die Sieger sollen zusammenfügen, was sie damals grundlos und heimtückisch zertrennt haben. Die For-

derung nach einem Friedensvertrag wird mit einer unver-
hüllten Drohung verknüpft:

> *»Ohne einen Friedensvertrag ist ein dauerhafter äußerer
> und innerer Frieden in Deutschland, in Europa und auch
> in der Welt nicht möglich.«*

Gleich darauf noch einmal:

> *»Die illegale, unnatürliche und gewaltsame Zerstücke-
> lung des deutschen Volkes und seines Landes im Herzen
> Europas ist eine Gefahr für den Frieden in der Welt . . .«*

Nach Auffassung der Republikaner bedeutet die Teilung
Deutschlands also Krieg, womöglich sogar einen neuen
Weltkrieg. Aber wer sollte einen derartigen Krieg wollen?
Die Großmächte kommen dafür ja wohl nicht in Betracht.
Aus der Sicht der Republikaner haben sie schließlich, was
sie schon immer gewollt haben, nämlich die Teilung
Deutschlands. Warum sollten sie also einen neuen Krieg an-
zetteln? Bleiben noch die Deutschen selbst. Aber wer will in
Deutschland Krieg? Die DDR dürfte kaum gemeint sein.
Wenn Schönhuber und die Republikaner tatsächlich der
Auffassung wären, die DDR plane einen Krieg gegen die
Bundesrepublik, würden sie das auch lautstark verkünden.
Da sie offenlassen, von wem die Kriegsgefahr konkret aus-
geht, kann eigentlich nur die Bundesrepublik gemeint sein.
Aber wer will hierzulande einen Krieg gegen die DDR oder
gar gegen den Rest der Welt? Das Programm läßt im Grun-
de genommen nur eine Antwort zu: diejenigen, die von
Krieg reden, also die Republikaner selbst. Welchen Sinn
sollte die Anspielung auf Krieg im REP-Programm sonst
haben?

Welche Gebiete soll das wiedervereinigte Deutschland um-
fassen? Normalerweise werden in diesem Zusammenhang
die Grenzen des Deutschen Reiches von 1937 genannt.
Denn im März 1938 fand der deutsche Einmarsch in Österreich statt, im Herbst 1938 die »Angliederung« des Sudeten-
landes und im März 1939 schließlich der Einmarsch in den
tschechischen Reststaat (die Slowakei machte sich selbstän-
dig und stellte sich unter deutschen Schutz). Das Programm
der Republikaner nennt aber gerade nicht die Grenzen von

1937, es spricht vom »fortbestehenden Deutschen Reich in allen seinen Teilen«. Was sind »alle Teile« des Deutschen Reiches? Was gehört dazu? Das Sudetenland? Österreich? Südtirol? Elsaß-Lothringen? Jedenfalls mehr als 1937.

Es kann kein Zufall sein, daß die Republikaner sich in der Grenzfrage nicht festlegen. Da die Formulierung »alle seine Teile« ausschließt, daß nur die BRD und die DDR gemeint seien, kann es sich nur um ein, wie auch immer dimensioniertes »Großdeutsches Reich« handeln. Hajo Funke spricht in seinem Buch über die Republikaner also mit Recht von »nationalem Größenwahn«, der unbestreitbar friedensgefährdend ist und dem Gedanken der Völkerverständigung widerspricht. Auch in dieser Frage haben wir es mit einem eklatanten Verstoß gegen das Grundgesetz zu tun.

Auf dem Parteitag in Ludwigsburg (9./10. 1. 1988) fügte die Partei folgende Passage in das Programm ein, die deutliche Anklänge an die neutralistische Konzeption der NPD erkennen läßt:

> *Das Ziel der Wiedervereinigung Gesamtdeutschlands ist vorrangig und höher zu bewerten als ein Verbleib der Bundesrepublik Deutschland in der Nordatlantischen Verteidigungsgemeinschaft. Deshalb darf die Bündnispartnerschaft auf dem Weg zur Einheit Deutschlands kein unüberwindliches Hindernis darstellen ...«*

Im Europawahlprogramm (»Ja zu Europa, nein zu dieser EG«) bekräftigen die Republikaner, daß eine einseitige Westintegration der Bundesrepublik die Wiedervereinigung unmöglich mache und fordern »Deutschland zuerst!« Dieselbe Formulierung findet sich auch im Programm der DVU – Liste D, die ihren Europawahlkampf unter dem Motto »Erst Deutschland, dann Europa!« führte. Bislang hatten sich die Republikaner nicht derartig ablehnend gegenüber der EG geäußert. Vielmehr spielte die Europapolitik zuvor nur eine nachgeordnete Rolle in der Parteiprogrammatik. Interessanterweise setzen sich die Republikaner in diesem Dokument auch für das gaullistische Modell eines »Europas der Vaterländer« ein.

Die Anti-EG-Haltung der Republikaner hat auch eine ausländerfeindliche Komponente. Nach Auffassung von
Schönhuber bedeutet die europäische Einigung nämlich
auch, daß es »zu einem ungeheueren Import von Verbrechen und Verbrechenszentralen wie Mafia, Camorra oder
Cosa Nostra kommt«. Und weiter:

> *Der Rauschgifthandel würde verheerende Dimensionen
> annehmen. In diesem Zusammenhang sieht das Pro-
> gramm der Republikaner lebenslänglich ohne Aussicht
> auf Gnade für Rauschgiftdealer vor, ebenso für Polizi-
> stenmörder, Kindesentführer und Geiselnehmer . . .«*

3. Nationalrevolutionäre Tendenzen bei den »Jungen Republikanern«

Der bereits erwähnte Landesarbeitskreis »Junge Republikaner« in Nordrhein-Westfalen ist 1988 mit einer »Leverkuse-
ner Erklärung« an die Öffentlichkeit getreten, die zwar
nicht als programmatisches Dokument der Partei gewertet
werden kann, gleichwohl aber wichtige Hinweise auf die besondere Gedankenwelt der jungen Nationalisten bei den
Republikanern vermittelt.

Die Erklärung beginnt mit der Feststellung, daß die Jugend
in Deutschland immer wieder »Schrittmacher und Wegbe-
reiter eines allgemeinen politischen Aufbruchs« gewesen sei.
Auch heute hätten wir es mit einer »brisanten politischen
Situation« zu tun, die durch die nach wie vor anhaltende
»Entmündigung und Spaltung Deutschlands« gekennzeichnet sei.

> *Die Regierungen der Teilstaaten sind zu einer eigen-
> ständigen Politik weder willens noch fähig, sondern al-
> lenfalls dazu in der Lage, die Winkelzüge der Weltpolitik
> im Schlepptau ihrer jeweiligen Hegemonialmacht demü-
> tig nachzuvollziehen.«*

Bis dahin befinden sich die »Jungen« noch auf der Partei-
linie. Mit der folgenden Forderung jedoch nicht mehr:

> *Dabei wäre es nötiger denn je, daß wir Deutschen uns*

zuallererst mit uns selbst verbünden, um unser Schicksal
wieder in die eigenen Hände zu nehmen und um im Bunde
mit allen anderen, um ihre Befreiung bemühten Völker
innerhalb und außerhalb Europas für die weltweite Aner-
kennung und Verwirklichung des Selbstbestimmungs-
rechtes der Völker als dem ethnischen Fundament einer
künftigen Weltordnung einzutreten.«

Hier werden keine Rechtsansprüche geltend gemacht, hier
ist nicht die Rede vom Fortbestehen des Deutschen Reiches. Und auch der Appell an die Siegermächte, uns die Einheit zurückzugeben, fehlt. Gefordert wird vielmehr die nationale Erhebung aller Deutschen gegen Fremdherrschaft
und Teilung sowie ein Bündnis aller um ihre Befreiung
kämpfenden Völker gegen die Supermächte. Diese nationalrevolutionäre Sichtweise grenzt sich bewußt gegen die
traditionelle Politik »von oben« ab, die die nationale Frage
durch starke »Sonntagsreden«, diplomatische Verhandlun-
gen oder internationale Vereinbarungen lösen zu können
vorgibt.

Die Nationalrevolutionäre machen insoweit keinen Unterschied zwischen der CDU/CSU und ihrer eigenen Partei. Sie
stehen ganz unter dem Eindruck der sozialen Bewegungen,
der Grünen und Alternativen in der Bundesrepublik, wo sie
auch häufig Unterschlupf gesucht haben. Sie unterstützen
die Rebellion gegen Establishment und Imperialismus, kri-
tiseren jedoch, daß sich die Bewegungen der nationalen Erhebung versagen. Sie wollen die nationalistischen Alternativen sein, ihre Ideen in die sozialen Bewegungen hineintra-
gen und gemeinsam mit ihnen verwirklichen. Ursprünglich
haben die Vertreter des nationalrevolutionären Neuen Nationalismus ein Engagement in »etablierten« Parteien abgelehnt. Als sie jedoch erfahren mußten, daß sie von den Grü-
nen/Alternativen immer häufiger wegen ihrer antidemokratischen Einstellungen ausgegrenzt wurden, hat sich ein Teil
von ihnen rechtsextremen Parteien, unter anderem eben
auch den Republikanern, angeschlossen. Dort geraten sie
nun zunehmend in Konflikt mit den Vertretern des Alten
Nationalismus.

Der Neue Nationalismus ist deshalb gefährlicher als der Alte, weil er nicht auf Anhieb als antidemokratisch zu erkennen ist. Sprache und Auftreten der Nationalrevolutionäre lehnen sich bewußt an die Umgangsformen der sozialen Bewegungen an. Und auch ihre Forderungen sind vielfach als solche nicht gleich von der Hand zu weisen. Wer wollte schon abstreiten, daß alle Völker ein Recht auf Selbstbestimmung haben, daß die Frage der Wiedervereinigung zuallererst eine Angelegenheit der Deutschen selbst ist. Gerade die aktuellen Entwicklungen in den osteuropäischen Staaten und in der DDR zeigen, daß die Völker sehr wohl imstande sind, für ihre Freiheit und gegen Unterdrückung zu kämpfen. Können sich die Nationalrevolutionäre durch diese Entwicklungen nicht bestätigt fühlen? Hat ihnen die Geschichte nicht recht gegeben?

Entscheidend ist nicht, ob die eine oder die andere Forderung richtig oder berechtigt ist, ob eine Vorhersage eintrifft oder nicht. Entscheidend ist vielmehr das Ziel, das sich mit der Forderung verknüpft; entscheidend ist, welche Gesellschaftsordnung angestrebt wird. Handelt es sich um eine freie, demokratisch-pluralistische und sozial gerechte Ordnung oder um ein autoritäres, antidemokratisches System? Allein daran sind die Nationalrevolutionäre zu messen. Analysiert man ihre Forderungen daraufhin, dann zeigt sich, daß – wie auch bei den Republikanern insgesamt – der Nationalismus an erster Stelle steht. Alle anderen Werte, Rechte und Interessen sind ihm nachgeordnet. Nicht Freiheit, Gleichheit und soziale Gerechtigkeit stehen an der Spitze des Forderungskataloges, sondern die nationale Einheit. Kein Wort über die Interessen der Arbeitnehmer, über die Notwendigkeit starker Gewerkschaften oder über die Bedeutung sozialer Sicherungssysteme. Und natürlich kein Wort über Frieden und Abrüstung, über internationale Solidarität oder kritische Vergangenheitsbewältigung.

4. Ausländerfeindlichkeit

Die Republikaner bezeichnen sich selbst als »deutsche Partei«, so, als wären die anderen Parteien keine deutschen Parteien. Damit soll offenbar ausgedrückt werden, daß allein die Republikaner deutsche Interessen vertreten, die anderen Parteien jedoch nicht. Hier schwingt wieder der Vorwurf mit, die etablierten politischen Kräfte in West und Ost seien im Grunde genommen Handlanger der Siegermächte. Es wird aber auch klargestellt, daß die Republikaner die Interessen der Deutschen vertreten, und zwar nur der Deutschen.

> *»Die Republikaner als eine deutsche Partei setzen sich für das Lebensrecht und die Menschenrechte aller Deutschen im Sinne des Grundgesetzes ein.«*

Die Berufung auf das Grundgesetz täuscht Verfassungstreue vor. Das Gegenteil ist der Fall. Ein »Lebensrecht« aller Deutschen (womöglich noch in einem »Großdeutschen Reich«) kennt das Grundgesetz nicht. Und die Menschenrechte sind unteilbar. Sie gelten für alle Menschen auf der Welt und werden als universelle Rechte vom Grundgesetz besonders geschützt. In dem unveränderlichen Artikel 1 heißt es:

> *»Das Deutsche Volk bekennt sich darum zu unverletzlichen und unveräußerlichen Menschenrechten als Grundlage jeder menschlichen Gemeinschaft, des Friedens und der Gerechtigkeit in der Welt.«*

Wer die Menschenrechte exklusiv für die Deutschen beansprucht und nicht-deutsche Personen oder Völker ausschließt, verstößt gegen den Gedanken der Völkerverständigung und handelt damit in doppelter Hinsicht verfassungswidrig.

Die für die REP-Propaganda zentrale Frage der Ausländer- und Asylgesetzgebung wird in dem Programm von 1987 ebenso kurz und nachgeordnet abgehandelt wie im Grundsatzprogramm von 1983, wo das Asylrecht jedoch noch nicht angesprochen worden war. In der Sache unterscheiden sich hier beide Programme kaum, im Stil allerdings sehr wohl. Deutschland sei kein Einwanderungsland, heißt es jetzt, es müsse »das Land der Deutschen bleiben«. Und: »Ausländer sind Gäste.« Unbefristete Arbeitsverträge für Ausländer, Daueraufenthalt, Familienzusammenführung, Sozialleistungsansprüche, Wahlrecht und Parteimitgliedschaft werden abgelehnt. De facto sind die »Gäste« damit zu Menschen zweiter Klasse abgewertet, denen nicht nur fundamentale Grundrechte, sondern auch rechtmäßig erworbene Ansprüche auf Sozialleistungen vorenthalten werden. In einer CDU-Dokumentation über die Republikaner heißt es dazu richtig: »Das ist sozialer Betrug und Ausbeutung!« Mehr noch: Das verstößt gegen den Gleichheitsgrundsatz im Grundgesetz (Artikel 3):

> »Niemand darf wegen seines Geschlechtes, seiner Abstammung, seiner Rasse, seiner Sprache, seiner Heimat und Herkunft, seines Glaubens, seiner religiösen oder politischen Anschauungen benachteiligt oder bevorzugt werden.«

Die Republikaner schüren und verstärken in ihrer Propaganda Ausländerfeindlichkeit und Fremdenhaß. So behauptete Schönhuber, die EG führe »zu einer immer stärker werdenden Überfremdung und zu einer Gefährdung unserer nationalen Identität«, und in einem REP-Flugblatt heißt es, mit der »Überfremdung unseres Landes« drohen »Rassenkonflikte, steigende Kriminalität, noch mehr Arbeitslosigkeit, soziale und kulturelle Spannungen«. Aus dem Jahr 1986 ist folgende Stellungnahme eines REP-Funktionärs überliefert:

> »Für die rd. 2000 Ausländer in Herborn (für Sie mögen es ›Mitbürger‹ sein, für uns niemals!) sind die Zeiten der Ruhe und des Friedens bald vorbei. Der Hessentag 1986 ist für uns alle Signal zum Angriff . . . Der 7. Juni 1986 wird zu einem Fanal für die Befreiung des deutschen Reiches und die Wiedererweckung des germanischen Blutes werden. Deutschland erwache!«

Der Satz »Ausländer raus!« kommt im Programm der Republikaner nicht vor. Daraus dürfen jedoch keine falschen Schlußfolgerungen gezogen werden. In ihrer Propaganda befleißigen sie sich einer vielfach noch unerträglicheren Sprache und untermauern ihre Fremdenfeindlichkeit oft auch mit ideologischen Elementen, die eindeutig faschistoid sind. Die völkische Komponente findet sich zum Beispiel in dem Artikel »Volk in der Krise« (Der Republikaner, 4/

1988). In dem als »Aufmacher« plazierten Beitrag vermittelt der Autor, Erik Zimmer, kurz gefaßt folgende Botschaft: Das Deutschtum befinde sich in einer doppelten Krise, es sterbe aus und werde zugleich überfremdet. Schuld daran seien der Liberalismus und der Internationalismus der herrschenden politischen Kräfte. Zimmer spricht zunächst vom »ständigen Niedergang« des deutschen Volkes:

> *»Die Zahl der Westdeutschen nimmt rapide ab, die Zahl der Arbeitslosen wächst, der Wald stirbt, die Bauern sterben, die Verteidigungsfähigkeit sinkt, die Familien fallen mehr und mehr auseinander. Die Zahl der Ausländer dagegen wächst beständig, die Kriminalität steigt, AIDS breitet sich unvermindert aus, über die Folgen der Rauschgiftsucht redet man schon gar nicht mehr, und die Jugend sucht vergeblich nach klaren Lebensbildern.«*

Hier wird indirekt ein Zusammenhang zwischen Ausländern einerseits und Arbeitslosigkeit, Waldsterben, Zerfall der Familien, wachsender Kriminalität, sinkender Verteidigungsbereitschaft, AIDS und Rauschgiftsucht andererseits hergestellt. Die Ausländer bringen in dieser schwierigen Situation nur Unglück über die Deutschen. »Retten uns die Ausländer« vor dem Niedergang, fragt Zimmer sodann scheinheilig und antwortet erwartungsgemäß: Es sei ein »fataler Irrtum« anzunehmen, daß die Ausländer die »aussterbenden Deutschen« ersetzen können. Das war zu erwarten, schließlich stellen die Ausländer eine enorme Bedrohung dar. Der Autor begründet seine Antwort so:

> *»Denn unsere Volkswirtschaft funktioniert nur so lange, wie auch das Volk ›funktioniert‹, das sie hervorbrachte; geht dieses Volk zugrunde, geht es der Wirtschaft genauso. Deutsche Gründlichkeit, Tüchtigkeit und Ingenieurkunst sind nicht beliebig ersetzbar, und mit Menschen aus Entwicklungsländern kann man keine Spitzenmechanik machen.«*

Dies ist blanker Rassismus: Die Eigenschaften der Deutschen sind angeblich höherwertig als die der Nicht-Deutschen. Die Tugenden und Qualifikationen der Ausländer werden herabgesetzt. Nur Deutschen werden Gründlichkeit

71

und Tüchtigkeit zugebilligt, die Fremden seien schlampig und faul.

Bedroht sei nach Zimmer aber nicht nur unsere Wirtschaft, sondern und vor allem die auf Blutsbindungen beruhende Volksgemeinschaft der Deutschen:

> *»Doch wird die Überfremdung auch noch andere Folgen haben. Das in Jahrtausenden gemeinsamer Geschichte gewachsene, auf geistigen und blutsmäßigen Bindungen beruhende Gemeinschaftsbewußtsein unseres Volkes wird brüchig werden, das Gefühl innerer Verbundenheit, das auch in schweren Zeiten Halt und Kraft verlieh, geht verloren und mit ihm die Fähigkeit zu gemeinsamem Handeln. Das wird Auswirkungen haben nicht nur in der Wirtschaft, sondern auch in der Sozialpolitik und der Verteidigungsbereitschaft.«*

Die Ausländer zersetzen also die Volksgemeinschaft und schwächen dadurch obendrein auch noch unsere Verteidigungsbereitschaft, so daß wir dem Ansturm der Fremden schutzlos ausgeliefert seien. Es drohen »Zustände wie im Libanon oder in Südafrika«.

Für die Auflösung der Volksgemeinschaft werden folgende Belege angeführt: Die Familien zerfallen wegen des »uneingeschränkten Egoismus«. Der »Wert gesunder Familien für das Lebensglück des einzelnen wie des ganzen Volkes« finde keine Anerkennung mehr. Weiterhin bedrohe AIDS den Bestand des deutschen Volkes. Durch die »Verneinung jeder echten Moral zugunsten eines totalen Freiheitsrausches« habe sich eine »Hemmungslosigkeit« breitgemacht, »derzufolge AIDS zur Massenerkrankung, zur Seuche werden konnte«. Und nun behindere die »Überbetonung individueller Rechte jede konsequente Politik der Eindämmung der Seuche«. Schließlich werde das Deutschtum durch Kriminalität ausgehöhlt. Wo nur noch »Genuß und Lust als Lebensziele« vorhanden, wo Religion, Familie und Nation bedeutungslos seien, da müsse es zwangsläufig dazu kommen, daß sich eine wachsende Zahl von Bürgern Konsum und Genuß durch »Diebstahl, Raub oder gar Mord« verschafften oder im »Drogenrausch nach einer Steigerung des Lebensgefühls« suchten.

Verantwortlich für alle diese schrecklichen Entwicklungen sei, so Zimmer, der Liberalismus. Weil dieser hierzulande dominiere, könnten so viele Fremde ins Land kommen, könne der Egoismus die Bereitschaft zur Bindung an Volk und Familie zerstören, könne sich infolge von Morallosigkeit AIDS ausbreiten.

> »Das also ist der Kern des allgegenwärtigen Übels: Man hat sich dem überbetonten Liberalismus, der Vaterlandslosigkeit und dem ›Internationalismus‹ verschrieben . . . Und deshalb geht es mit uns ständig bergab.«

Wenn der Autor das Wort Liberalismus verwendet, meint er in Wirklichkeit Demokratie. Was er sagen will, ist dies: Demokratie führe zur Zerstörung der Volksgemeinschaft von innen und mache sie schutzlos gegenüber Fremden und Feinden von außen. Zimmer hütet sich, die Schlußfolgerung deutlich zu benennen, aber der Leser weiß Bescheid: Beseitigung der Demokratie oder wenigstens doch die empfindliche Beschränkung demokratischer Rechte und Prozeduren.

5. Antisemitismus

In den Programmen der Republikaner finden sich keine antisemitischen Aussagen. Wohl aber in Reden und Artikeln des Vorsitzenden und anderer Funktionäre.

Daß die Republikaner den Nationalsozialismus verharmlosen und weithin auch entschuldigen, wurde bereits erwähnt. Die Entlastung Hitlers und die Verharmlosung der NS-Verbrechen stellen ein zentrales Grundmotiv aller Schönhuber-Äußerungen dar. Auf die Opfer des NS-Regimes verschwendet der Vorsitzende natürlich kein ernsthaftes Wort. Als besonders perfide muß der indirekte, unterschwellige Antisemitismus von Schönhuber bewertet werden, der den Holocaust zwar nicht leugnet, ihn aber (ebenso wie die Alleinschuld Deutschlands am Zweiten Weltkrieg) als angeblich noch ungeklärte Frage darstellt:

»Waren es sechs, vier, zwei Millionen oder gar ›nur‹ dreihunderttausend tote Juden? Wer hat wann und wo zuerst geschossen? Solche Fragen müssen von den Historikern sicherlich gestellt und nach bestem Wissen und Gewissen beantwortet werden.«

Antisemitische Vorurteile werden auch durch Formulierungen wie »Zentralrat der Juden als fünfte Besatzungsmacht« in Deutschland oder »Wer als Jude in diesem Land lebt, muß sich auch unseren Gesetzen unterwerfen« (als ob gerade Juden ständig die Gesetze mißachten!) erzeugt. Besonders zynisch ist es, wenn Schönhuber den Eindruck erweckt, als seien die Juden selbst schuld am Antisemitismus:

»Es gibt in diesem Land einen unechten, aufgesetzten Philosemitismus. Den lehne ich ab. Das kann unter Umständen in Antisemitismus umschlagen.«

Oder:

»Ich habe etwas gegen die täglich praktizierte Demütigung unseres Volkes. Ich halte sie für nicht länger hinnehmbar. Ein Herr Galinski ist möglicherweise mitschuldig an einem erneuten Aufkommen des von uns so deutlich abgelehnten Antisemitismus.«

Die indirekte, hintergründige Mobilisierung von antidemokratischen, antisemitischen und ausländerfeindlichen Ressentiments gehört zum festen Bestandteil aller Reden, Schriften und Artikel von Schönhuber. Er macht sich damit formal scheinbar unangreifbar und erreicht es doch, daß die antidemokratischen Vorurteile und Erwartungen seiner Zuhörer und Leser angesprochen und verstärkt werden.

»Antisemitismus gehört bei den ›Republikanern‹ zum guten, aber – jedenfalls gegenwärtig – öffentlich leicht versteckten Ton«, schreibt Hajo Funke. Er hat sich intensiv mit dem Antisemitismus nach 1945 beschäftigt und spricht von einem »Nachkriegs-Antisemitismus aus Schuldentlastung«. Gemeint ist ein Antisemitismus ohne Juden (in der Bundesrepublik leben heute rund 35000 Juden), der zwangsläufig eine andere Bedeutung hat als vor 1945. Judenfeindschaft gilt heute dem Juden als »Erinnerungsträger der Verfolgung durch den Nationalsozialismus«. Juden werden deshalb gehaßt, weil sie eine »permanente Demütigung« für diejenigen darstellen, die das Reich und das Deutschtum vor dem Untergang bewahren wollen. So werden die Juden, wie Schönhuber sagt, zu »Schrittmachern eines Antisemitismus«. Dazu Funke:

> *»Die, die erinnern, sind, weil sie erinnern, Schuld am Haß gegen sie. Die Juden, die in Deutschland 1989 leben, sind die Urheber des Judenhasses.«*

Wie wir gerade erfahren haben, lehnen die Republikaner den Antisemitismus »deutlich« ab. »Ein Republikaner kann und darf kein Antisemit sein«, schreibt Schönhuber in einem Artikel. Die Partei werde den Antisemitismus »mit allen Mitteln zu verhindern suchen«. Wie ist diese Aussage zu interpretieren? Dazu nochmals Hajo Funke:

> *»Wenn Juden aber Urheber des Antisemitismus sind und Republikaner die, die diesen Antisemitismus ›mit allen Mitteln‹ zu verhindern suchen, kann sich die angekündigte Verwendung ›aller Mittel‹ gegen jene richten, die Haß verursachen.«*

Die Schönhubersche Beteuerung, gegen den Antisemitismus vorgehen zu wollen, richtet sich gegen die Juden selbst, »gegen die Grundlagen jüdischer Existenz in Deutschland seit dem 8. Mai 1945« (Funke).

6. Demokratiefeindschaft

Auf antidemokratische Tendenzen in den Forderungen und Zielen der Republikaner ist bereits mehrfach hingewiesen worden. Sie verachten die Demokratie in der Bundesrepublik und werten sie ab. Demokratiefeindschaft zeigt sich gerade auch bei ihren Vorstellungen über die politische Ordnung der Bundesrepublik.

Die Republikaner vertreten ein autoritäres, obrigkeitsstaatliches Konzept: Sie wollen den Staat als Ordnungsfaktor stärken, betrachten die Institutionen und Strukturen der politischen Willensbildung mit Mißtrauen und streben eine Beschränkung des demokratischen Pluralismus an. Und das bedeutet: Abbau von Demokratie! Immer wieder werden Partnerschaftlichkeit, Gemeinschaft, Gemeinsinn etc. beschworen und Einzel- oder Gruppeninteressen als tendenziell schädlich eingestuft.

Zwar lehnt es die Partei im Programm von 1987 ab, »die Vielfalt individueller Fähigkeiten, Ideen und Meinungen« einzuschränken. Zugleich wird aber die Notwendigkeit betont, »individuelle Rechte und gemeinschaftsbezogene Pflichten wieder in Einklang« zu bringen. Und noch deutlicher:

> »*Staatsräson und Gemeinwohl [haben] Vorrang vor Parteiräson und Gruppeninteressen.*«

Diese Aussage widerspricht allen demokratischen Grundsätzen und läßt sich auch nicht mit der Verfassung der Bundesrepublik vereinbaren. Im Grundgesetz heißt es unmißverständlich: »Alle Staatsgewalt geht vom Volke aus.« (Artikel 20) Die demokratische Willensbildung soll sich von unten nach oben vollziehen. Und weil es im Volk sehr unterschiedliche Interessen und Wertvorstellungen gibt, organisiert es sich in Parteien, Gewerkschaften, Verbänden, Interessengruppen, sozialen Bewegungen usw. Diese ringen miteinander (auf der Grundlage der Verfassung) um Macht und Einfluß in Gesellschaft und Staat. Der Pluralismus von Interessen und Wertvorstellungen stellt einen elementaren Bestandteil jedes demokratischen Systems dar. Wer diesen Pluralismus einschränken will, handelt antidemokratisch.

Die Republikaner wollen ihn einschränken, und zwar zugunsten von »Staatsräson und Gemeinwohl«. Was aber ist »Staatsräson«, was ist »Gemeinwohl«? Wer entscheidet darüber? Beide Begriffe kommen im Grundgesetz wohlweislich nicht vor. Die Verpflichtung von Einzel- und Gruppeninteressen auf den Staat oder auf die Allgemeinheit bedeutet, die demokratische Willensbildung auf Loyalität gegenüber dem Staat zu verpflichten. Das sagen die Republikaner in ihrem Programm von 1987 auch unumwunden:

> »*Der Staat [schafft und bewahrt] in Treuepflicht gegenüber dem Grundgesetz allen loyalen Bürgern die Grund-*

*lagen für persönliche Freiheit, öffentliche Sicherheit und
allgemeinen Wohlstand.«*

Freiheit, Sicherheit und Wohlstand wollen die Republikaner also nur »loyalen Bürgern« gewähren. Auch hierbei
handelt es sich um einen eklatanten Verstoß gegen das
Grundgesetz, das allen Bürgern, unabhängig davon, welche
politische Auffassung sie vertreten, Freiheit, Gleichheit und
soziale Gerechtigkeit zusichert. Ausnahmen davon sind nur
in sehr begrenzten Fällen möglich (Artikel 18 GG: Verwir-
kung von Grundrechten) und werden einzig und allein vom
Bundesverfassungsgericht ausgesprochen. Eine Pflicht der
Bürger zur Loyalität gegenüber dem Staat besteht grundsätzlich nicht. Sie sind ausschließlich auf den Kernbestand
des Grundgesetzes, auf die freiheitliche demokratische
Grundordnung, verpflichtet.

Gesellschaftspolitisch stellen sich die Republikaner als An-
walt der (selbstverständlich deutschen) »kleinen Leute« dar,
denen es um »sozialen Frieden« geht. Die angestrebte Re-
form der Sozialordnung soll durch eine »Veränderung des
Bewußtseins«, durch »das Gefühl der Zusammengehörig-
keit und Leistungsgemeinschaft aller Arbeitenden« erreicht
werden. Die Partei setzt sich für die Förderung und den
Schutz des Privateigentums vor allem auch vor staatlichen
Eingriffen ein und richtet sich gegen die »Bildung wirt-
schaftlicher Machtblöcke«. In guter alter rechtsextremer
Tradition singen die Republikaner das Hohelied des freien
Unternehmertums und mißachten die sozialen Belange der
Arbeitnehmer.

Die Verpflichtung von Verbänden und Interessengruppen
auf Staat und Gemeinwohl (im Sinne der Republikaner) gilt
gerade auch den Gewerkschaften, denen offenbar besondere Loyalität abverlangt wird. Das zeigt sich nicht zuletzt
daran, daß die Tarifautonomie abgeschafft werden soll:

> *»Der moderne Staat . . . soll . . . geschaffen werden . . .
> [u. a.] durch Zusammenarbeit mit den Gewerkschaften,
> welche in parteipolitischer Neutralität ihre Tätigkeit auf
> das Wohl der Arbeitenden und das Gedeihen ihrer Ar-
> beitsstätten beschränken und den Preis der Arbeit im*

*Sinne des gesamten volkswirtschaftlichen Vorteils be-
handeln.«*

Im Rahmen der Vereinigungsfreiheit (Artikel 9 GG) genießt
die Tarifautonomie jedoch besonderen Schutz:

> *»Das Recht, zur Wahrung und Förderung der Arbeits-
> und Wirtschaftsbedingungen Vereinigungen zu bilden, ist
> für jedermann und für alle Berufe gewährleistet. Abre-
> den, die dieses Recht einschränken oder zu behindern su-
> chen, sind nichtig, hierauf gerichtete Maßnahmen sind
> rechtswidrig.«*

Antidemokratische Tendenzen werden auch im Abschnitt
Medienpolitik des gültigen Parteiprogramms sichtbar. Dort
wird unverblümt die Einschränkung der Pressefreiheit an-
gedroht, die in Artikel 5 des Grundgesetzes ausdrücklich
geschützt wird.

> *»Falls die Selbstkontrolle der Medien mit ihrer in der
> Öffentlichkeit und Politik inzwischen gewonnenen unbe-
> grenzten Machtstellung weiterhin versagt, werden wir
> für die Schaffung partei- und gruppenunabhängiger Kon-
> trollorgane zum Schutz des von Einschüchterung und
> Verschmutzung der geistigen Umwelt bedrohten Frei-
> heitsraumes des Bürgers sorgen.«*

7. Frauenfeindlichkeit

Alexandra Kliche, die ehemalige stellvertretende Landesvorsitzende der Republikaner in Berlin, ist gewiß keine Fe-
ministin. In dem Buch, in dem sie ihren Parteiaustritt rechtfertigt (»Nichts wie weg!«), spart sie nicht mit Kritik an der
Frauenpolitik der Republikaner:

> *»Die REP schienen ein richtiger Männerverein zu sein.
> Das mußte irgendwie an ihrem Programm liegen. Zu
> dem Zeitpunkt, als ich mich nach dem Grund des Frauen-
> mangels bei den Republikanern fragte, kannte ich ihr
> Programm noch nicht. Später wurde mir klar, daß die
> Frauenpolitik der Republikaner nicht den Interessen ei-
> ner selbstbewußten Frau entsprach.«*

78

Sie bringt dann auf den Punkt, was sie den Republikanern ankreidet:

>*Sie billigen Frauen zwar eine Berufsausbildung zu, um so deren Selbstwertgefühl zu erhöhen, lehnen andererseits aber die Berufstätigkeit einer Mutter völlig ab. Die Frau könne, sobald die Kinder erwachsen sind, wieder anfangen zu arbeiten. Jede Frau weiß, daß ihr eine Berufsausbildung überhaupt nicht hilft, wenn sie jahrelang nicht in ihrem Beruf tätig ist. Mit der Frauenpolitik der Republikaner wird die Frau letztendlich wieder an den Herd zurückversetzt.*«

Das Bild von Frau und Familie, das die Republikaner in ihrer Programmatik und Publizistik zeichnen, leitet sich unmittelbar aus ihrem völkischen Nationalismus ab. Es geht um die »Erhaltung und Förderung des Bestandes und der Gesundheit des deutschen Volkes« (Programm 1987). Für die spezifischen Belange der Frauen interessieren sie sich ebensowenig wie für die sozialen Probleme der Familien. Frau und Familie sind einzig und allein für die Bestandserhaltung von Volk und Nation da:

>*Nur wenn dem dramatischen Geburtenschwund in Westdeutschland entgegengewirkt wird, kann die Zukunft der deutschen Nation gesichert werden.*«

In einem Grundsatzartikel zur Familienpolitik (»Schluß mit dem Kindermord«) erläutert die stellvertretende Bundesvorsitzende, Johanna Grund, die Gefahren, die auf Volk und Nation zukommen:

>*Im 21. Jahrhundert, so rechnet man, werde es nur noch 30 Millionen Deutsche auf dem Boden der heutigen Bundesrepublik geben, aber genau so viele Einwohner wie heute.*

>*Dann aber wird das Land nicht mehr deutsch und kaum noch christlich sein. Der Islam steht schon auf dem Sprung. Westeuropa, so denkt man in Teheran, wird uns wegen der schwachen Geburtenziffern, der AIDS-Epidemie, dem wachsenden Anteil islamischer Asylanten und Gastarbeiter und der Zunahme von Konvertiten wie eine reife Frucht in die Hände fallen.*«

So sprechen die Republikaner von der Familie »als Keim-
zelle des Volkes« (Frauenarbeitskreis NRW) und der Mutter als »Mittelpunkt der Familie« (Programm 1987). Eine
Verantwortung des Mannes für Kinder, Familie und soziale
Beziehungen kennen sie nicht. Es sei

> *»insbesondere der Frau gegeben, durch Wärme und Hin-*
> *gabe ein Klima der Geborgenheit zu schaffen, in welchem*
> *Familie und Kinder gedeihen können. Hier liegt die be-*
> *sondere . . . Berufung der Frau.«*

Unter diesen Bedingungen vollzieht sich dann die »gleichbe-
rechtigte Einordnung der Frau«. Ihr Lebenslauf gliedert
sich nach den Vorstellungen der Republikaner in drei Ab-
schnitte. Zunächst müsse jedes schulentlassene Mädchen
ein »praktisches Jahr« ableisten, offenbar ein Arbeitsdienst
für Frauen. Dabei seien Pflichtkurse zu absolvieren, »welche Aufgaben als Frau, Mutter und Hausfrau betreffen«.
Sodann komme die Berufsausbildung, die den Zweck habe,
»der Frau vor und auch nach ihrer Tätigkeit in der Familie
Selbständigkeit« zu geben. Sodann solle sie »nach ihrem
Einsatz für Familie und Kinder« die »Möglichkeit zum
Wiedereinstieg in das Berufsleben« erhalten. Dazu fordert
die Partei »mehr Teilzeitstellen« und die »Verwirklichung
von Arbeitsplatzteilung« (Frauenarbeitskreis NRW).

Die im Grundgesetz geforderte Gleichstellung von Mann
und Frau findet bei den Republikanern nicht nur keine Beachtung, die Forderung wird geradezu mit Füßen getreten.
Die Rolle der Frau wird biologisch als Mutter bestimmt,
darauf wird sie von Kindesbeinen an getrimmt. Ihr Arbeitsplatz ist der Herd, wie Alexandra Kliche richtig anmerkt.
Ernst wenn die Gebärpflichten zur Abwehr des Islam erfüllt
sind, kommt eine Berufstätigkeit in Betracht, natürlich als
Teilzeitarbeit. Auch in der Arbeitswelt von Gleichberechtigung keine Spur!

So versteht es sich von selbst, daß die Republikaner den
Schwangerschaftsabbruch (»Holocaust am ungeborenen
Leben«, »Massenmord im Mutterleib«) grundsätzlich ab-
lehnen bzw. radikal einschränken und nur noch in Fällen
zulassen wollen, wenn Leben oder Gesundheit von Mutter

oder Kind gefährdet seien oder eine nachgewiesene Vergewaltigung vorliege.

Programmatik und Ziele der Republikaner sind frauenfeindlich, weil sie das veränderte Bewußtsein der Frauen und ihren emanzipatorischen Anspruch auf Gleichberechtigung bekämpfen und die bereits erzielten Erfolge hinsichtlich einer rechtlichen und sozialen Gleichstellung rückgängig machen wollen.

8. Zusammenfassung von Programmatik und Zielen

Die Republikaner verharmlosen die Verbrechen des Nationalsozialismus und den Holocaust, relativieren die Alleinschuld Deutschlands am Zweiten Weltkrieg, schüren Judenfeindschaft, Ausländerfeindlichkeit und Fremdenhaß. Sie verfolgen großdeutsche Ziele, machen die Demokratie verächtlich, wollen den Einfluß von Parteien und Verbänden einschränken, die Tarifautonomie zerschlagen und die Pressefreiheit abschaffen. Frau und Familie dienen der Bestandserhaltung von Volk und Nation, die Gleichberechtigung der Frau wird abgelehnt. Zu den Programmen von NPD und DVU bestehen keine gravierenden Unterschiede. Lösungen für konkrete Probleme hat die Partei nicht vorzuweisen.

9. Sind die Republikaner rechtsextrem?

Um die Frage zu beantworten, ob die Republikaner eine rechtsextreme Partei sind, muß zunächst der Begriff Rechtsextremismus definiert werden. Dies ist auch deshalb notwendig, weil der Begriff umstritten, der Sprachgebrauch verwirrend ist. Verwendung finden nämlich auch (Neo-)Faschismus, (Neo-)Nazismus, Rechtsradikalismus, Nationalismus, Totalitarismus. Jedoch scheint sich die Bezeichnung Rechtsextremismus mehr und mehr durchzusetzen.

Rechtsextremismus ist eine gesellschaftsgestaltende Konzeption, die sich vor allem gegen liberale und sozialistische

Traditionen richtet. In ihrem Mittelpunkt steht ein völkisch fundierter, ethnozentristischer Nationalismus als oberstes Ordnungsprinzip, dem alle anderen Werte und Ziele untergeordnet sind. Die universellen Menschenrechte (Freiheit, Gleichheit, soziale Gerechtigkeit) werden mißachtet oder abgelehnt. Leitbild des Rechtsextremismus ist die hierarchisch strukturierte Volksgemeinschaft, die sich in einem mächtigen autoritären (Führer-)Staat verkörpert, der nach außen expansionistische oder revisionistische Ziele verfolgt.

Legt man diese Definition zugrunde, dann müssen die Republikaner als eine rechtsextreme Partei bezeichnet werden: Programm und Propaganda sind eindeutig antiliberal (und antisozialistisch). Der Nationalismus steht an der Spitze des Wertehorizontes der Partei. Er durchdringt alle wesentlichen Programmpunkte und Forderungen und beschränkt die universellen Menschenrechte nachhaltig. Der Nationalismus der Republikaner ist expansionistisch, weil er großdeutsche Ambitionen hegt und den Frieden in Europa bedroht. Er ist revisionistisch, weil er den Nationalsozialismus verharmlost und die Folgen seiner verbrecherischen Politik für die deutsche und europäische Nachkriegsordnung nicht anerkennt. Er ist völkisch fundiert, weil er das Volk nicht als sozial geschichtete und nach Interessen differenzierte pluralistische Gesellschaft anerkennt, sondern als eine durch das »Deutschtum« charakterisierte Gemeinschaft betrachtet, der sich die Individuen unterzuordnen haben. Und er ist ethnozentristisch, weil er Ausländer ausgrenzt, benachteiligt und abwertet, und weil er Antisemitismus und Fremdenhaß schürt. Die Republikaner streben einen autoritären Staat an, dem die Bürger sowie die Organisationen und Institutionen der politischen Willensbildung zu Loyalität verpflichtet sind. Elementare Bestandteile des demokratischen Prozesses (wie zum Beispiel die Tarifautonomie oder die Pressefreiheit) sollen abgeschafft oder wenigstens doch empfindlich eingeschränkt werden.

Gegen diese Beweisführung mag eingewandt werden, daß es sich bei meiner Definition um keine juristische, sondern um eine sozialwissenschaftliche Begriffsbestimmung handelt, die rechtlich keinerlei Bedeutung habe. Ich halte diesen Einwand nur teilweise für berechtigt. Denn die Bestimmungen über den Verfassungsschutz im Grundgesetz sind ja gerade mit Blick auf die deutsche Geschichte formuliert worden und mithin politisch motiviert. Daher muß die Frage, ob die Republikaner den Bestand der Verfassung gefährden, auch nach politikwissenschaftlichen Kriterien analysiert werden. Für die politische Auseinandersetzung mit der Partei ist es darüber hinaus sicherlich notwendig, daß rechtsextremer Charakter auch juristisch belegt werden kann. Ich bin allerdings der Überzeugung, daß dies durchaus möglich ist und will das nun begründen.

Zunächst ist darauf hinzuweisen, daß Rechtsextremismus kein (verfassungs)rechtlicher Begriff ist. Das Wort kommt im Grundgesetz nicht vor. Gleichwohl handelt es sich um einen amtlichen Terminus. Im Verfassungsschutzbericht des Bundesinnenministeriums für 1988 werden Aktivitäten und Bestrebungen zum politischen Extremismus gerechnet,

> »bei denen konkrete Anhaltspunkte dafür bestehen, daß ihre Ziele oder die zur Erreichung dieser Ziele befürworteten Mittel und Wege ganz oder teilweise mit der freiheitlichen demokratischen Grundordnung in Widerspruch stehen«.

Das Grundgesetz will, darauf habe ich bereits hingewiesen, die Demokratie gegenüber ihren Feinden schützen. Was konkret geschützt werden soll, das ist der Kernbestand der Verfassung, die freiheitliche demokratische Grundordnung. Das Bundesverfassungsgericht hat 1952 im Verbotsurteil gegen die rechtsextreme Sozialistische Reichspartei (SRP) festgelegt, was unter »freiheitliche demokratische Grundordnung« zu verstehen sei:

> »So läßt sich die freiheitliche demokratische Grundordnung als eine Ordnung bestimmen, die unter Ausschluß jeglicher Gewalt- und Willkürherrschaft eine rechtsstaatliche Herrschaftsordnung auf der Grundlage der Selbstbestimmung des Volkes nach dem Willen der jeweiligen Mehrheit und der Freiheit und Gleichheit darstellt. Zu den grundlegenden Prinzipien dieser Ordnung sind mindestens zu rechnen: die Achtung vor den im

Grundgesetz konkretisierten Menschenrechten, vor allem vor dem Recht der Persönlichkeit auf Leben und freie Entfaltung, die Volkssouveränität, die Gewaltenteilung, die Verantwortlichkeit der Regierung, die Gesetzmäßigkeit der Verwaltung, die Unabhängigkeit der Gerichte, das Mehrparteienprinzip und die Chancengleichheit für alle politischen Parteien mit dem Recht auf verfassungsmäßige Bildung und Ausübung einer Opposition.«

Amtlicherseits wird zwischen Rechts*extremismus* und Rechts*radikalismus* unterschieden: Extremismus richtet sich gegen die freiheitliche demokratische Grundordnung, während sich – so der Verfassungsschutzbericht 1988 – Radikalismus durch eine »bestimmte, nach allgemeinem Sprachgebrauch ›radikale‹, d.h. an die Wurzeln einer Fragestellung gehende Zielsetzung« auszeichne. Extremismus ist also verfassungswidrig, Radikalismus bewegt sich noch im Rahmen des Grundgesetzes.

Die Frage lautet also, sind die Republikaner rechtsextrem, bestehen konkrete Anhaltspunkte dafür, daß ihre Ziele oder die zur Erreichung dieser Ziele befürworteten Mittel und Wege ganz oder teilweise mit der freiheitlichen demokratischen Grundordnung in Widerspruch stehen? Oder sind die Republikaner nur eine rechtsradikale Partei, die zwar am rechten Rand des Parteienspektrums angesiedelt ist, aber noch auf dem Boden der freiheitlichen demokratischen Grundordnung steht?

Legt man die Kriterien des Bundesverfassungsgerichtes zugrunde, dann läßt sich leicht nachweisen, daß die Ziele der Republikaner wenigstens teilweise im Widerspruch zur freiheitlichen demokratischen Grundordnung stehen. Das Gericht hebt im SRP-Urteil in besonderem Maße auf die Menschenrechte ab. Und gerade mit deren Beachtung tun sich die Republikaner besonders schwer. Denn, wie jeder, mißachtet auch ihr Nationalismus die Grundrechte im allgemeinen und die Menschenrechte im besonderen. So richtet sich der großdeutsche Nationalismus der Republikaner gegen Frieden und Völkerverständigung; der ausländischen Bevölkerung werden legitime Grundrechte vorenthalten; der angestrebte autoritäre Staat und das damit verbundene Loyalitätsgebot schränken unter anderem die Volkssouveränität, das Recht auf Opposition und die Meinungsfreiheit ein; Zensur widerspricht der Pressefreiheit, und die Abschaffung der Tarifautonomie verstößt gegen das Grundrecht der Vereinigungsfreiheit. Schließlich widerspricht das Frauenbild der Republikaner dem Gleichheitsgrundsatz im Grundgesetz.

Nur am Rande sei bemerkt, daß auch die innere Ordnung der Republikaner kaum den im Grundgesetz von den Parteien geforderten demokratischen Grundsätzen (Artikel 21 GG) entsprechen dürfte. Überdies: Wenn DVU und NPD offiziell als rechtsextreme Parteien eingestuft werden, dann besteht kein ersichtlicher Grund, warum dies nicht auch für die Republikaner gelten sollte, die sich nach Programmatik und Ziel schließlich kaum von DVU und NPD unterscheiden.

Insgesamt liegt eine Fülle von Belegen dafür vor, daß die Forderungen und Ziele der Partei wenigstens teilweise im Widerspruch zur freiheitlichen demokratischen Grundordnung stehen. Die Republikaner sind mithin auch unter juristischen Gesichtspunkten eine rechtsextreme Partei, die eindeutig verfassungswidrige Ziele verfolgt.

Daraus ergibt sich nicht notwendigerweise, daß sie auch verboten werden sollte. Zur Frage, ob ein Verbotsantrag beim Bundesverfassungsgericht in Erwägung zu ziehen oder gar geboten sei, werde ich im letzten Kapitel Stellung nehmen.

Aus welcher Perspektive wir die Republikaner auch betrachten, aus der politikwissenschaftlichen oder aus der juristischen: Sie sind eine rechtsextreme (und nicht etwa eine rechtsradikale) Partei.

Mit Blick auf die Republikaner ist aber häufig auch von Neofaschismus die Rede. Der Faschismusexperte Wolfgang Wippermann schreibt zum Beispiel:

»Die ›Republikaner‹ sind eine neofaschistische Partei, weil sie im Hinblick auf ihre nationalistische, frauenfeindliche, antikommunistische, antisozialistische, anti-

semitische, rassistische (verharmlosend fremdenfeindlich genannte) Ideologie und im Hinblick auf ihre diffuse soziale Basis große Ähnlichkeiten sowohl mit den faschistischen Bewegungen der Zwischenkriegszeit wie mit den neofaschistischen Parteien in Italien, Frankreich, England, Belgien, Österreich etc. aufweist. Die ›Republikaner‹ verdanken ihren Aufstieg keineswegs allein sozialen Problemen, sondern vornehmlich dem schon lange vorhandenen neofaschistischen und profaschistischen Einstellungspotential in der Bevölkerung, das von verschiedenen Studien . . . auf 13 bis 20 Prozent geschätzt wird. Ursache dieses Einstellungspotentials ist wiederum vor allem die Tatsache, daß die faschistische Vergangenheit verdrängt und nicht ›bewältigt‹ wurde, daß es ideologische, personelle und selbst institutionelle Kontinuitäten zwischen faschistischer Vergangenheit und demokratischer Gegenwart gab und gibt.«

Diese »Kontinuitätsthese« ist insoweit richtig, wie sie darauf verweist, daß das Erscheinungsbild und die Existenzbedingungen des bundesdeutschen Rechtsextremismus stark durch die NS-Vergangenheit geprägt sind. Die spezifischen Ursachen für den Erfolg rechtsextremer Parteien beruhen jedoch auf den konkreten sozialen und politischen Verhältnissen in der Bundesrepublik. Der Aufstieg der Republikaner läßt sich mit der »Kontinuitätsthese« allein nicht erklären. Entscheidend sind die gesellschaftlich-politischen Rahmenbedingungen der achtziger Jahre.

KAPITEL 3

Wer sie wählt:
Anhänger und Erfolgsursachen
der Republikaner

Der Leiter des Forschungsinstitutes der CDU-nahen Kon-
rad-Adenauer-Stiftung, Hans-Joachim Veen, hat gerade
wieder darauf aufmerksam gemacht, daß wir bei den Republikanern deutlich zwischen der Partei – ihren Funktionären, Mitgliedern und ihrer Programmatik – einerseits und
ihren Wählern bzw. Anhängern andererseits zu unterscheiden haben:

> *»Zu kaum einem Zeitpunkt in der Parteienentwicklung
> der letzten Jahrzehnte war es so wichtig, zwischen der
> ›Programm- und Funktionärspartei‹ einerseits und der
> ›Wählerpartei‹ andererseits zu unterscheiden, wie jetzt
> angesichts der Interpretationsschwierigkeiten, die die
> deutsche und internationale Öffentlichkeit mit einigen
> spektakulären Wahlerfolgen der Republikaner hat.«*

Die Charakterisierung der Republikaner als rechtsextrem
gilt nicht automatisch auch für ihre Anhänger. Damit soll
die Stimmabgabe zugunsten der Republikaner nicht verharmlost werden: Wer die Partei wählt, leistet dem Rechtsextremismus Vorschub! Zugleich gilt aber auch: Nicht jeder
REP-Wähler ist ein Rechtsextremist. Ich werde in diesem
Kapitel zeigen, daß die Motivationen der Wähler sehr viel-
schichtig sind.

Auch in sozialstruktureller Hinsicht ist die Anhängerschaft
der Republikaner heterogen: Die Verhältnisse stellen sich
von Bundesland zu Bundesland, selbst von Region zu Region sehr unterschiedlich dar, so daß generalisierende Aussagen – wenigstens gegenwärtig – kaum möglich sind.

1. Die Rahmenbedingungen für den Aufschwung des Rechtsextremismus seit Mitte der achtziger Jahre

Mitte der achtziger Jahre setzte die dritte Erfolgswelle[2] des parteiförmig organisierten Rechtsextremismus in der Bundesrepublik ein, die ihren Höhepunkt vermutlich noch nicht erreicht hat. Der Aufwärtstrend deutete sich bereits bei der Europawahl 1984 an, als die NPD mit 0,8 Prozent (knapp 200 000 Stimmen) ein vergleichsweise beachtliches Resultat verbuchen konnte. 1986 verabredeten die Vorsitzenden von NPD und DVU, Mußgnug und Frey, eine Zusammenarbeit beider Organisationen, die weitere Wahlerfolge zeitigte. Bei der Bundestagswahl 1987 mobilisierte die NPD über 225 000 Wähler (0,6 %), im selben Jahr konnte der Rechtsextremismus erstmalig seit 1968 wieder ein parlamentarisches Mandat auf Landesebene erzielen: In Bremen gelang es der DVU, die Sperrklausel zu überwinden. 1988 brachte es die NPD in Baden-Württemberg auf 2,1 und in Schleswig-Holstein auf 1,2 Prozent der Stimmen. Und 1989 zogen die hessischen Nationaldemokraten in einige Kommunalparlamente ein, in Frankfurt beispielsweise mit sieben Abgeordneten.

Den eigentlichen Durchbruch schafften jedoch nicht alteingesessene rechtsextreme Organisationen, sondern die Republikaner. Sie nahmen die 5-Prozent-Hürde 1989 gleich zweimal mit Leichtigkeit: In Berlin fielen ihnen elf und bei der Europawahl mit über zwei Millionen Stimmen sechs Mandate zu.

Die allgemeinen Ursachen für den neuerlichen Aufschwung des Rechtsextremismus sind vielfältiger Natur. Ich will nur zwei Aspekte herausgreifen: den sozialen Wandel und neuere Entwicklungen innerhalb des Parteiensystems.

Mit dem Begriff »sozialer Wandel« wird vor allem die Ausweitung des Dienstleistungssektors zu Lasten der traditionellen Sektoren der Industriegesellschaft bezeichnet (»Ter-

---

2 Die erste Welle datiert auf die Jahre 1949–1952, die zweite Welle auf die Jahre 1966–1969.

tiarisierung«). Der Anteil der Arbeiter und der Selbständigen an der Bevölkerung nimmt ab, während sich der Anteil der »neuen Mittelschichten« drastisch erhöht.

Mit dem sozialen Wandel ist vielfach ein »Wertewandel« und eine Veränderung der politischen Ziele verbunden: Der traditionelle Verteilungskonflikt zwischen Arbeit und Kapital und die materiellen Interessen (Einkommen, soziale Sicherung) verlieren für Teile der Bevölkerung an Bedeutung. Dagegen treten »postmaterielle« Werte (Partizipation, Selbstverwirklichung, Lebensqualität, nationale Identität) und neue politische Themen (Umweltschutz, Gleichberechtigung, direkte Demokratie, nationale Frage usw.) in den Vordergrund.

In der Parteien- und Wahlforschung herrscht seit einiger Zeit die Auffassung vor, daß der soziale Wandel eine wachsende Flexibilität im Wahlverhalten (Abnahme der Stammwähler, Zunahme der Wechselwähler) bewirke, weil sich die klassischen Milieubindungen abschwächen und die Großorganisationen, die Wahlnormen vermitteln (z. B. Gewerkschaften, Kirchen), an Bedeutung für das Wahlverhalten verlieren. Gerade die quantitativ anwachsenden »neuen Mittelschichten« als hauptsächliche Träger des Modernisierungsprozesses sind dem Einfluß dieser Organisationen weithin entzogen und erweisen sich als besonders flexibel und selbstbewußt. Die Abschwächung alter politischer Bindungen erfaßt zunehmend aber auch die traditionellen sozialen Segmente der Industriegesellschaft (Arbeiter, Selbständige).

Die Lockerung der Parteibindungen geht Hand in Hand mit hoher Wahlenthaltung, Parteiverdrossenheit und wachsenden Mitwirkungs- und Mitbestimmungsansprüchen. Bürgerinitiativen und neue soziale Bewegungen haben erheblich zur Politisierung der Bevölkerung beigetragen. Mit den Erfolgen der Grünen/Alternativen erweiterte sich das bundesdeutsche Dreiparteiensystem zu einem Vierparteiensystem. Und wenn nicht alles täuscht, befinden wir uns seit den Wahlerfolgen der Republikaner auf dem Weg zum Fünfparteiensystem.

Mit dem Eintritt der Grünen in die Arena der Parteien geriet zunächst die SPD unter enormen politischen Druck. Ihre Wählerverluste an die Öko-Partei trugen 1982 zum Scheitern der sozialliberalen Koalition bei. Die tiefgreifenden sozialen und ökonomischen Veränderungen der vergangenen Jahre bedrängen aber auch die Unionsparteien. Als die CDU/CSU im Herbst 1982 in Bonn an die Macht kam, stand sie vor einer dreifachen Aufgabe. Sie mußte

o erstens die technologische Modernisierung der Volkswirtschaft fördern, damit die Konkurrenzfähigkeit der bundesdeutschen Industrie auf dem Weltmarkt langfristig gesichert ist, und zugleich verhindern, daß der mit ihrer neokonservativen Modernisierungskonzeption verbundene Trend zur »Zweidrittel-Gesellschaft« zu Integrationsdefiziten bei den »Modernisierungsverlierern« führt;

o zweitens den veränderten weltpolitischen Gegebenheiten durch Vertragstreue und Teilnahme an der europäischen Einigung sowie am internationalen Entspannungs- und Abrüstungsprozeß Rechnung tragen, damit die Bundesrepublik nicht in eine isolierte Lage gerät. Bündnistreue, Berechenbarkeit und Kontinuität in der Außenpolitik erlauben keine Revision der in der Oppositionszeit leidenschaftlich bekämpften Ostpolitik. Überdies gilt, wie Franz Josef Strauß klarstellte: pacta sunt servanda (Verträge müssen eingehalten werden);

o drittens die Erwartungen ihrer rechtskonservativen Klientel hinsichtlich der versprochenen gesellschaftspolitischen Wende hinreichend berücksichtigen.

Vor allem die letztgenannte Aufgabe bürdet der Union eine schwere Last auf: Während ihrer dreizehnjährigen Oppositionszeit hatte sie alle möglichen Anstrengungen unternommen, um die bundesdeutsche Rechte gegen die »sozialistische« Politik der sozialliberalen Koalition und den vermeintlichen Ausverkauf Deutschlands zu mobilisieren. Indem sie sich damals als Dach für eine breite, umfassende konservativ-nationalistische Sammlungsbewegung, als politische Heimat aller Rechten, präsentierte, konnte sie zwar der NPD das Wasser abgraben, erweckte jedoch Hoffnungen auf eine konsequent neokonservative Politik, ermunterte ultrarechte und rechtsextreme Kräfte zum Widerstand gegen die legitimierte Regierung und machte deren Positionen hoffähig, schürte revanchistische und ausländerfeindliche Ressentiments und bagatellisierte den organisierten Rechtsextremismus. »Man muß sich der nationalen Kräfte bedienen«, soll Strauß im Spätsommer 1968 auf einer Klausurtagung der CSU in Bad Reichenhall gesagt haben, »auch wenn sie noch so reaktionär sind. So hat es auch de Gaulle gemacht. Hinterher ist es immer möglich, sie elegant abzuservieren.«

Diese Auffassung stellte sich später als verhängnisvolle Fehleinschätzung heraus. Tatsächlich hatte die Union in der Opposition Hoffnungen und Ansprüche genährt, die sie in der Regierung nicht einlösen konnte. Damit war der Grundstein für Unzufriedenheit und Enttäuschung von betont rechten bzw. konservativen Anhängern nach dem Machtwechsel in Bonn gelegt.

Sprecher von unter Mithilfe der CDU/CSU gegründeten Vorfeldorganisationen (z. B. Konservative Aktion), neokonservative Zeitschriften (z. B. Criticon) und Vordenker (z. B. Günter Rohrmoser) führten einen zunehmend heftigeren Feldzug gegen die vorwiegend von konservativ-liberalen Unionskräften getragene Modernisierungspolitik und klagten den Vollzug der versprochenen »geistig-moralischen Wende« ein: Entstaatlichung und Entbürokratisierung, Revitalisierung der bürgerlichen Familie, Überwindung der durch die sozialliberale Ära angeblich bewirkten sozialistisch-nihilistischen »Kulturrevolution«, Rehabilitierung von Traditionen und historisch bewährten Werten und Tugenden und schließlich Wiederherstellung des nationalen Selbstbewußtseins der Deutschen.

Seit Mitte der achtziger Jahre macht sich das ungelöste Dilemma der Union auch in Wählerverlusten bemerkbar, besonders deutlich bei der Bundestagswahl 1987. Maßgeblich für den wachsenden Wählerschwund ist aber nicht nur der Unmut über die ausgebliebene geistig-moralische Wende. Eine wichtige Rolle spielt auch, daß die neoliberale Politik gezielt die zukunftsträchtigen Wirtschaftssektoren fördert, die traditionellen Branchen vernachlässigt und zu wenig Rücksicht auf die sozialen Folgewirkungen nimmt. Daß die Modernisierungspolitik weithin zu Lasten der unteren Einkommensgruppen und der gering qualifizierten Arbeitnehmer geht und die Massenarbeitslosigkeit nicht beseitigt, zeigt sich beispielsweise an der Gesundheits-, Sozial- und Wohnungspolitik der Bundesregierung. Vielfach werden auch die Probleme des »alten« Mittelstands, einer bisherigen Wählerhochburg der Unionsparteien, vernachlässigt.

Von den Wählerverlusten der CDU/CSU profitierte die SPD als hauptsächliche parlamentarische Opposition jedoch kaum. Wenigstens bisher ist es ihr nicht voll gelungen, die für eine Demokratie wichtige – weil integrative und legitimationssichernde – Rolle der Opposition auszufüllen. Daher ist auch die Sozialdemokratie in gewissem Umfang mitverantwortlich für die Wahlerfolge der Republikaner.

Seit Mitte der achtziger Jahre verbessern sich also die klimatischen Bedingungen für einen neuerlichen Auftrieb des Rechtsextremismus. Davon profitieren, wie erwähnt, jedoch weniger die etablierten antidemokratischen Parteien, sondern die Republikaner.

2. Wahlergebnisse und parlamentarische Mandate im Überblick

Bis zur Berliner Wahl im Januar 1989 war es den bereits 1983 gegründeten Republikanern nur einmal gelungen, ein respektables Ergebnis zu erzielen: 1986 brachten sie es in ihrer bayerischen Heimat auf drei Prozent der Stimmen. Außerhalb Bayerns konnte die Partei zunächst kaum Fuß fassen. Interne Streitereien behinderten zudem den organisatorischen Ausbau in weiteren Bundesländern. Das sensationelle Wahlergebnis in Berlin leitete dann bundesweit eine Wende in der Entwicklung der Partei ein.

Bei der Europawahl fielen den Republikanern sechs Sitze im Europäischen Parlament zu. Parlamentarische Mandate auf Landesebene errangen sie bislang nur in Berlin (West):

Wahlergebnisse der Republikaner 1986–1989

Wahlen	Jahr	Stimmen absolut	v. H.	Mandate
Europaparlament	1989	2 008 629	7,1	6
Landesparlamente				
Bayern	1986	342 995	3,0	–
Bremen	1987	4 623	1,2	–
Baden-Württemberg	1988	46 904	1,0	–
Schleswig-Holstein	1988	8 673	0,6	–
Berlin (West)	1989	90 222	7,5	11

elf Mitglieder im Abgeordnetenhaus (6 der 11 Abgeordneten waren früher einmal in der CDU) und 36 Bezirksverordnete. Der (inzwischen ausgeschiedene) Fraktionsvorsitzende Andres war Mitglied der Bundesversammlung, die im Mai 1989 den Bundespräsidenten wählte. In den 1990 zu wählenden Bundestag werden die Berliner Republikaner zwei Mitglieder entsenden. Durch Parteiwechsel gab es aber auch schon früher eine gewisse parlamentarische Repräsentanz: Handlos und Voigt waren bis zur Wahl 1989 Mitglieder des Deutschen Bundestages. Und in Bremen konnte sich die Partei zwischen 1985 und 1987 auf zwei Mitglieder der Bürgerschaft sowie sieben Stadtverordnete in Bremerhaven stützen.

3. Die Berliner Wahlen vom 29. Januar 1989

Das Berliner Wahlergebnis war durch eine Reihe von charakteristischen Merkmalen geprägt:

Mit der Wahl zum Abgeordnetenhaus wurde der CDU-FDP-Senat durch eine Koalition von SPD und Alternativer Liste (AL) abgelöst. Die CDU mußte erdrutschartige Verluste von 46,4 Prozent (1985) auf 37,7 Prozent hinnehmen, und die FDP scheiterte sogar mit 3,9 Prozent (1985: 8,5%) an der 5-Prozent-Klausel. Die SPD verbesserte sich von 32,4 Prozent (1985) auf 37,3 Prozent, die AL verzeichnete einen geringfügigen Zuwachs von 10,6 auf 11,8 Prozent, und die Republikaner erzielten aus dem Stand 7,5 Prozent.

In Berlin konnten die Republikaner bei den Jungwählern (18–23 Jahre) überproportional hohe Erfolge verbuchen: bei den Männern 18,8 Prozent[3], bei den Frauen 9,1 Prozent, zusammengenommen 14,3 Prozent. In der obersten Altersgruppe (60 Jahre und älter) entschieden sich nur 4,6 Prozent der Wählerinnen (3,2 %) und Wähler (7,8 %) für die Republikaner.

Die besten Ergebnisse der Schönhuber-Partei lagen in Gebieten mit hohem Arbeiteranteil, niedrigem Bildungsstand und beengten Wohnverhältnissen. Es waren vor allem Arbeiter, Facharbeiter, kleine Angestellte und Beamte, die sich für die neue Rechtspartei entschieden.

Überdurchschnittlichen Zulauf konnten die Republikaner in den traditionellen Arbeiterbezirken Wedding, Tempelhof, Neukölln und Reinickendorf verbuchen. Zweistellige Wahlkreis-Resultate gab es in Wedding (bis zu 12,1 %), in Neukölln (bis zu 10,6 %) und in Reinickendorf (10,6 %). In einem Neuköllner Stimmbezirk betrug der Stimmenanteil sogar über 20 Prozent. Die Berliner Republikaner erzielten gerade dort überdurchschnittliche Erfolge, wo die CDU 1989 besonders starke Verluste hinnehmen mußte und erwiesen sich so als die Hauptnutznießer der CDU-Einbußen in Arbeiterwohngebieten. Viele Anzeichen sprechen dafür, daß die hier von den Republikanern gewonnenen Stimmen jedoch nicht nur von traditionellen CDU-Stammwählern, sondern gerade auch von ursprünglichen SPD-Wählern stammten, die sich 1979, 1981 und 1985 der Union zugewandt und seinerzeit ihre Wahlerfolge ermöglicht hatten. Ein Teil der REP-Wähler ist mithin zur traditionellen Klientel der Sozialdemokratie zu rechnen.

Wichtig für die Interpretation des Berliner Wahlergebnisses sind auch folgende Befunde: Die Hochburgen der SPD waren im großen und ganzen auch die Hochburgen der Republikaner. Als unerheblich für die REP-Erfolge erwiesen sich der Anteil der Ausländer und die Zahl der Arbeitslosen in den Wahlkreisen. Die Wähler der Republikaner waren in

---

3 Zum Vergleich: CDU 21,6 %, SPD 33,8 %, AL 19,2 %.

der Regel also nicht unmittelbar mit den Folgeproblemen der hohen Arbeitslosigkeit und dem hohen Ausländeranteil in Berlin konfrontiert. Ein deutlicher Zusammenhang zeigte sich jedoch zwischen der Bildungsstruktur und den Wohnverhältnissen einerseits und dem Wahlergebnis der Republikaner in den Wahlkreisen andererseits: Die Partei war dort besonders erfolgreich, wo beengte Wohnverhältnisse und einfache bis mittlere Schulabschlüsse dominieren.

Die unerwartete Niederlage der CDU erfolgte trotz großer Beliebtheit des ehemaligen Regierenden Bürgermeisters Eberhard Diepgen. Es gelang ihr jedoch nicht, diesen Bonus mit einer Lösungskompetenz für wichtige Sachfragen zu verknüpfen. Das waren die hohen Mieten, fehlende Wohnungen, insbesondere auch billige Sozialwohnungen, weiterhin die Arbeitslosigkeit und schließlich die Aussiedler- und Asylproblematik. Letztere erwies sich vor allem für die REP-Wähler als besonders wichtig. Umfrageergebnisse zeigten, daß den Republikanern Sachkompetenz nur in einem Politikbereich zugetraut wurde, nämlich bei der Lösung des Ausländerproblems. Der Sozialwissenschaftler Dieter Roth von der Forschungsgruppe Wahlen (FGW) charakterisiert das soziopolitische Umfeld für den REP-Wahlerfolg so:

»In Berlin waren die Vorbedingungen für den Erfolg einer rechtsradikalen Partei besonders günstig: überdurchschnittliche Arbeitslosigkeit, überdurchschnittlich hohe Ausländerzahlen, allein im vergangenen Jahr 20 000 Aussiedler und 8 000 Übersiedler, die bevorzugt Sozialwohnungen in Berlin erhielten. Dies alles auf dem Hintergrund restriktiver Politik im sozialen Wohnungsbau und bei steigendem Mietpreisniveau in einer Stadt, in der neunzig Prozent aller Menschen zur Miete wohnen (bundesweit weniger als sechzig Prozent) und die einen fast doppelt so hohen Anteil an Sozialwohnungen hat wie die Bundesrepublik insgesamt. Nirgends in einem Bundesland kulminieren diese Probleme so wie in Berlin.«

Berlin-spezifische Momente der Wahlergebnisse der Republikaner bestanden in der besonderen Problemlage der Stadt (Ausländer, hohe Mieten, fehlende Sozialwohnungen), in der Altersstruktur und in der Sozialstruktur der REP-Anhänger (besonders vertreten waren Arbeiter, Facharbeiter, kleine Angestellte und Beamte). Parallelen zeigten sich zum Ergebnis der NPD in Frankfurt: Republikaner und Nationaldemokraten erzielten ihre besten Ergebnisse bei den Jungwählern, und beide Parteien rekrutierten ihre Stimmen zu zwei Dritteln von der männlichen Wählerschaft. »NPD und REP sind die Männerpartei schlechthin«, urteilt der Wahlforscher Joachim Hofmann-Göttig.

4. Umfrageergebnisse im Vorfeld der Europawahl

In den Umfragen der Meinungsforschungsinstitute lagen die Republikaner im ersten Halbjahr 1989 bundesweit zwischen vier und sieben Prozent, allerdings mit sinkender Tendenz. Im Juni waren sich die Wahlforscher nicht sicher, ob die Partei den Einzug in das Europaparlament schaffen würde. Als Hochburg wurde im Februar/März von IN-FRATEST, wenig überraschend, Bayern ermittelt, wo etwa die Hälfte aller Sympathisanten der Partei leben und sich etwa neun Prozent der Befragten für die Wahl der Republikaner aussprachen. In Nordrhein-Westfalen taten das nach INFRATEST nur etwa zwei Prozent, FORSA ermittelte für dieses Bundesland im März hingegen sieben Prozent möglicher REP-Wähler.

Bundesweit kamen die REP-Stimmen zu 50 bis 60 Prozent aus dem Lager der Unionsparteien und zu 15 bis 20 Prozent aus dem der SPD. Es waren vor allem Männer, die sich als REP-Anhänger zu erkennen gaben, Frauen blieben klar unterrepräsentiert. Bei den mittleren Altersgruppen zwischen 25 und 45 Jahren lag die Partei deutlich unter der 5-Prozent-Marke. Dagegen sprachen sich die untersten (18–25 Jahre) und die oberen Jahrgänge (45–60 sowie Rentner) überdurchschnittlich für die Republikaner aus. Ihr Zulauf stammte eher aus kleineren Orten als aus großen Städten, Beamte waren überdurchschnittlich vertreten. Im Mai 1989 äußerten führende Funktionäre der Gewerkschaft der Polizei die Vermutung, daß bundesweit etwa 20 Prozent der Polizisten mit den Republikanern sympathisieren, für Bayern wurden sogar 50 Prozent befürchtet.

5. Die Europawahl vom 18. Juni 1989

Bei der Europawahl konnten die Republikaner die 5-Prozent-Hürde in fünf Bundesländern überwinden (Saarland, Hamburg, Hessen, Baden-Württemberg und Bayern). 55 Prozent der REP-Wähler stammten aus den beiden Südländern. Und dort allein blieben die Unionsparteien, trotz überdurchschnittlicher Verluste, stärkste politische Kraft. Außerhalb Bayerns brachte es die Schönhuber-Partei im Schnitt nur auf 4,8 Prozent der Stimmen. Die hauptsächliche regionale Basis der Partei ist also nach wie vor Bayern und im weiteren der Süden der Bundesrepublik (durchschnittlich 12,0 % in beiden Ländern). Resultate über neun Prozent gab es in den sieben bayerischen sowie in zwei angrenzenden baden-württembergischen Regierungsbezirken (Stuttgart und Tübingen). Zwischen sechs und neun Prozent der Stimmen wurden in Hamburg und in den Regierungsbezirken Darmstadt, Gießen, Rheinhessen-Pfalz und Karlsruhe erreicht. Dieses Nord-Süd-Gefälle entsprach im Prinzip auch der organisatorischen Verankerung der Republikaner.

Wahlergebnis der Republikaner bei der Europawahl 1989

Gebiet	Stimmen absolut	v. H.	Anteil am Gesamtergebnis
Schleswig-Holstein	54 943	4,6	2,7
Hamburg	41 789	6,0	2,1
Niedersachsen	170 920	4,8	8,5
Bremen	13 464	4,5	0,7
Nordrhein-Westfalen	328 952	4,1	16,4
Hessen	163 172	6,5	8,1
Rheinland-Pfalz	101 385	4,6	5,0
Baden-Württemberg	348 437	8,7	17,3
Bayern	748 238	14,6	37,3
Saarland	37 329	5,8	1,9
Bundesrepublik	2 008 629	7,1	100,0

Addiert man die Stimmen für die Republikaner und die DVU – Liste D, dann zeigt sich, daß die Anteile für beide rechtsextreme Parteien in allen Ländern die 5-Prozent-Marke überschritten (siehe S. 109). Überdurchschnittlichen Zulauf gab es – so gesehen – nicht nur in den beiden südlichen Bundesländern, sondern auch in Hessen.

Der erdrutschartige Wahlsieg der extremen Rechten bewirkte einschneidende Veränderungen im Parteiensystem:

● Erstmalig nach 1949 gelang es bundesweit fünf Parteien, die 5-Prozent-Hürde zu nehmen.

● CDU/CSU und SPD blieben seit langer Zeit wieder jeweils unter 40 Prozent.

● In keinem Bundesland erreichte eine Partei die absolute Mehrheit.

● Die FDP wurde im Parteienwettbewerb auf den fünften Platz verwiesen.

Nach Schätzungen der Mannheimer Forschungsgruppe Wahlen (FGW) kamen bei der Europawahl etwa 40 Prozent der REP-Stimmen von ehemaligen Unionswählern, 20 Prozent aus dem sozialdemokratischen Bereich und ein Drittel von ehemaligen Nichtwählern (Europawahl 1984) bzw. von Erstwählern. Nach Berechnungen von INFAS bestand die Wählerschaft der Republikaner sogar zu 40 Prozent aus ehemaligen Nichtwählern, aber nur zu sieben Prozent aus ehemaligen Wählern der SPD. Wie schon bei der Berliner Wahl erwies sich die Sozialdemokratie auch bei der Europawahl als kaum imstande, aus dem Vertrauens- und Kompetenzverlust der Union Nutzen zu ziehen. Die Unzufriedenen scharten sich um die Republikaner.

Diese fanden vor allem bei Personen mit einfachem Bildungsstand, bei un- bzw. angelernten Arbeitern, Facharbeitern, bei Selbständigen bzw. Landwirten und schließlich bei Rentnern Anklang; und zwar gleichermaßen in Stadt- und Landkreisen. In ländlichen Regionen mit hohem Arbeiteranteil waren sie jedoch besonders erfolgreich. Nach der amtlichen Repräsentativstatistik setzte sich die REP-Wählerschaft zu etwa zwei Dritteln aus Männern und zu einem Drittel aus Frauen zusammen. Anders als in Berlin war bei der Europawahl keine Dominanz der Jungwähler zu erkennen.

Mit rechtsextremen Parteien sympathisierten insbesondere solche Wähler, deren wirtschaftliche Lage sich in der Vergangenheit verschlechtert hat (Selbsteinschätzung), die persönliche Erfahrungen mit Arbeitslosigkeit oder Kurzarbeit machen mußten und die Angst vor einem Verlust des Arbeitsplatzes empfanden (INFAS).

Die Republikaner profitierten von der Zunahme der Wahlbeteiligung gegenüber der Europawahl 1984. Die höchsten Zuwachsraten verzeichneten Baden-Württemberg (+ 10 Punkte) und Bayern (+ 15 Punkte), wo die Schönhuber-Partei besonders häufig ehemalige Nichtwähler zur Wahlteilnahme bewegen konnte. INFAS und die FGW vermuten, daß es sich dabei um Wählergruppen mit starken Vorbehalten gegenüber der europäischen Integration, insbesondere der europäischen Agrarmarktordnung handelt, die bei der vergangenen Europawahl in Ermangelung einer rechten EG-kritischen Partei Wahlabstinenz geübt hatten. Jedenfalls äußerten sich Anhänger der Republikaner in Vorwahlumfragen betont skeptisch hinsichtlich der europäischen Einigung und plädierten mehr als alle anderen Wähler für nationale Lösungen. Das Nord-Süd-Gefälle wird von der FGW vor allem dadurch erklärt, daß im Süden die Europakritik stärker ausgeprägt ist als im Norden der Bundesrepublik. Die Autoren der FGW-Untersuchung glauben zudem, daß die REP-Propaganda besonders auf die süddeutsche Mentalität abgestellt gewesen sei.

INFAS hebt in seiner Analyse der Europawahl hervor, »daß die Republikaner Zulauf aus ganz verschiedenen Richtungen bekommen haben und daß ihr Programm im Norden und Süden, in Stadt und Land andersartige Resonanz gefunden hat«. Der »Partei mit zwei Gesichtern« sei es gelungen, Barrieren zu überwinden, die bisher Rechtsradikalen in der Bundesrepublik im Wege gestanden hätten. »Im Süden sind sie auch und vor allem im katholischen und ländlichen Milieu erfolgreich gewesen; im Westen und Norden auch und vor allem im homogenen Arbeitermilieu.« Profil und Appeal der Republikaner seien weitgehend neu und gerade deswegen so wirkungsvoll, weil damit sehr verschiedene Lebenslagen und Weltbilder getroffen würden:

>»Die einen fühlen sich in ihrem Besitzstand bedroht, die anderen haben wenig zu verlieren; bei den einen dominieren patriotische Töne, bei den anderen die sozialen Nöte; die einen argumentieren mit Überfremdung, die anderen mit Deklassierung.*

Das Bemerkenswerte an der neuen ›Bewegung‹ – und darin liegen manche Parallelen zur Wirkung der frühen NSDAP in den 20er Jahren – ist aber gerade, daß sie die eher sozialen und die eher nationalen Komponenten auf gemeinsame Ursachen und Mißstände zurückzuführen weiß. Wie die Welt von heute wahrgenommen und interpretiert wird, darin zeigen sich Gemeinsamkeiten. Protest und Frustration mögen ganz verschiedene Ursachen haben; für die Lösung der Probleme bieten sich aber die gleichen griffigen Formeln an.

Als gemeinsamer Nenner läßt sich eine starke Verunsicherung, ein Gefühl der ›Entfremdung‹ feststellen, der Bedrohung durch anonyme Apparate und undurchsichtige Mächte. ›Europa‹ ist eine solche technokratische, weit entfernte, nicht kontrollierbare Instanz. Je komplizierter Technik und Wirtschaft, je rascher das Tempo der Modernisierung, um so stärker die Flucht in einfache Antworten. Die ›Zukunft‹, von der beide große Volksparteien reden, steckt voller Ungewißheit; aus beiden Volksparteien steigen Leute aus, die da nicht mitkommen – und zwar nach rechts.

Existenzsorgen und Sozialneid sind eine Komponente des rechten Wählerverhaltens; ideologische Verkürzung und Verengung des Blickfeldes eine zweite. In vielen Fällen dürfte aber auch eine mangelnde Orientierung, eine Vereinzelung und soziale Isolierung mit im Spiel sein, vor allem bei der städtischen Klientel in den großen anonymen Siedlungen am Stadtrand. Weder stabile soziale Netzwerke noch intakte Großorganisationen stehen bereit, um Unzufriedenheiten aufzufangen und Deutungsmuster anzubieten.«

6. Daten zum politischen Bewußtsein der REP-Anhänger

Im Vorfeld der Europawahl veröffentlichten die Massenmedien interessante Umfrageergebnisse über die politischen Einstellungen des REP-Potentials: Die Anhänger der Republikaner beurteilten das politische System der Bundesrepublik, die Parteien, die Regierung und die Opposition noch negativer als der Durchschnitt der Bundesbürger. Nach SPIEGEL-Umfragen sind es in erster Linie nicht soziale Gründe, sondern politische Motive, die den Republikanern die Wähler zuführen. »Zugespitzt gesagt: Die Republikaner sind weniger eine Protest-Partei, die Unzufriedene aller Art anzieht, als vielmehr eine Weltanschauungs-Partei.« Dazu einige Daten aus SPIEGEL-Umfragen, die vom Bielefelder EMNID-Institut erhoben worden sind:

● 67 Prozent der REP-Anhänger (aber nur 38 % der Bevölkerung) sind der Auffassung, daß Hitler ohne den Krieg und die Judenverfolgung einer der größten deutschen Staatsmänner gewesen wäre;

● 52 Prozent der REP-Anhänger (aber nur 18 % der Befragten insgesamt) haben eine negative Einstellung zu den Juden in der Bundesrepublik;

● 67 Prozent der REP-Anhänger sprechen sich für eine Führerpersönlichkeit aus, die Deutschland zum Wohle aller mit starker Hand regieren sollte;

● 62 Prozent der REP-Anhänger (aber nur 34 % der Befragten insgesamt) lehnen die Anerkennung der Oder-Neiße-Grenze ab;

● 72 Prozent der REP-Anhänger meinen, man solle das Deutsche rein erhalten und Völkervermischung verhindern;

● 58 Prozent der REP-Anhänger (aber nur 28 % der Bevölkerung) halten die Ausländer, die in der Bundesrepublik leben, für »Fremde«;

● 92 Prozent der REP-Anhänger (aber nur 65 % der Bundesbürger) sind dafür, daß Gastarbeiter nur noch für ein paar Monate oder für ein Jahr einreisen dürfen und dann in ihre Heimatländer zurückkehren müssen;

● 94 Prozent der REP-Anhänger (aber nur 67% der Befragten insgesamt) wollen, daß Ausländer nach einem Jahr Arbeitslosigkeit die Bundesrepublik verlassen müssen.

7. Warum sympathisieren Arbeitnehmer mit den Republikanern?

Übereinstimmend gelangen alle Untersuchungen zu dem Ergebnis, daß der Anteil der Arbeitnehmer an den REP-Anhängern überdurchschnittlich groß ist. Dabei handelt es sich zumeist um vergleichsweise gering qualifizierte Arbeiter oder Facharbeiter (aber auch um einfache Angestellte und Beamte) mit unbefriedigenden Zukunftsaussichten. Selbst Gewerkschaftsmitglieder sind entsprechend ihrem Anteil an der Bevölkerung vertreten. Früher bildete die Gewerkschaftsmitgliedschaft noch eine Barriere für die Wahl von rechtsextremen Parteien (z. B. NPD).

Als überraschend wurde zudem empfunden, daß die Republikaner gerade auch in großstädtischen Regionen und industriellen Ballungsgebieten erfolgreich sind und hier teilweise nachhaltige Einbrüche in traditionelle SPD-Hochburgen erzielen.

Das Heidelberger SINUS-Institut hat im Auftrag des SPD-Parteivorstandes eine Untersuchung über die Beweggründe von ehemaligen SPD-Wählern durchgeführt, die bei der Europawahl 1989 Republikaner gewählt haben. Bei den befragten Personen handelt es sich zwar nicht ausschließlich, aber doch vorwiegend um Arbeitnehmer, so daß die Ergebnisse der Studie durchaus von Interesse für die gewerkschaftliche Arbeit sind.

Bevor die Resultate dargestellt werden, ist noch darauf hinzuweisen, daß es sich nicht um eine Repräsentativbefragung handelt, sondern um biographische Intensivinterviews. Die SINUS-Forscher wollten herausfinden, welches die konkreten Ursachen für den Wechsel im Wahlverhalten waren und wie diese Entscheidung durch die persönliche Lebenswelt der Befragten beeinflußt wurde.

Das wohl wichtigste Ergebnis ist, daß kaum einer der befragten ehemaligen SPD-Wähler über ein geschlossenes rechtsextremes Weltbild verfügt.

>*Bei diesen Befragten fanden wir jedoch eine . . . sozial-kulturell motivierte Fremdenfeindlichkeit. Wir haben dieses ideologische Grundmuster als ›Wohlstands-Chauvinismus‹ bezeichnet: Anspruch auf die Früchte des Wohlstands sollen ausschließlich – oder in erster Linie – die Deutschen in der Bundesrepublik haben.*

Asylbewerber schließt man davon in der Regel ebenso aus wie deutschstämmige Aussiedler (›die können ja noch nicht mal Deutsch‹). Selbst DDR-Übersiedler werden von manchen Gesprächspartnern diesem unerwünschten Personenkreis zugeschlagen.«

Dieser Befund ist deshalb so bedeutend, weil er noch einmal bestätigt, daß nicht alle REP-Anhänger rechtsextrem sind, und daß gerade SPD und Gewerkschaften das ihnen nahestehende REP-Potential nicht dadurch zurückgewinnen können, daß sie sich auf dessen (vermeintlicher) nationalistische Orientierungen einlassen. In Wirklichkeit sind es nämlich soziale Probleme, die diese Personengruppe zur Wahl der Republikaner bewegt: Arbeitslosigkeit, Wohnungsprobleme, Unzufriedenheit mit der Alterssicherung etc. Es ist das – wenn auch nicht immer berechtigte, so doch ernstzunehmende – Gefühl der Benachteiligung gegenüber anderen gesellschaftlichen Gruppen, das zur Ablehnung der etablierten Parteien führt. Daß als Vergleichsgruppen immer nur Ausländer, Aus- und Übersiedler oder Asylsuchende herangezogen werden, nicht aber einheimische Personenkreise, dürfte an der autoritären Vorurteilsstruktur in bezug auf Fremde liegen, die auch bei der Arbeiterschaft weit verbreitet ist. Hier stehen der Bildungsarbeit noch enorme Anstrengungen bevor, bis derartige Vorurteile eingedämmt sind.

Ein weiteres wichtiges Ergebnis der SINUS-Studie ist eine Typologie der REP-Wähler. Sechs Wählertypen wurden ausgemacht:

● »Die angepaßten Neo-Nazis
Die Republikaner sind für sie ein annehmbarer Kompromiß zwischen den erfolglosen rechtsextremen Szene-Parteien – z. B. NPD, DVU, für die ihr Herz eigentlich schlägt – und den Unionsparteien, die manche bisher als kleineres Übel gewählt haben.

● Die enttäuschten Wende-Wähler
Wähler der konservativ-liberalen Koalition, die 1982/83 auf die versprochene ›geistig-moralische Wende‹ gesetzt haben und sich enttäuscht sehen. Der Tod von Franz Josef Strauß tat ein übriges, sie der Union zu entfremden.

● Die statusbedrohten Mittelständler
Zum Beispiel selbständige Landwirte, die ihr Lebenswerk durch die EG-Landwirtschaftspolitik gefährdet sehen. Sie glauben, von der Bundesregierung industriellen Interessen geopfert zu werden und legen dagegen mit dem Stimmzettel Protest ein.

● Die entfremdeten Kleinbürger
Ehemalige Stammwähler von SPD oder CDU/CSU, die ihre soziale Lebenswelt (die ›Heimat‹) durch den Zuzug von ›Ausländern‹ bedroht sehen und ihren Glauben an die politische Kompetenz und Handlungsfähigkeit der großen Parteien verloren haben.

● Die autoritären jungen Arbeiter
Zumeist 18- bis 30jährige Facharbeiter mit hedonistischer Lebensphilosophie (›man lebt, um zu genießen‹), die keinerlei Beziehung zu den Traditionen der Arbeiterbewegung haben, Ausländer und Aussiedler als unliebsame Konkurrenz empfinden und den harten, ›klaren‹ ausländerfeindlichen Kurs der Republikaner schätzen.

● Die Opfer der Zweidrittelgesellschaft
Von Zukunfts- und Selbstzweifeln geplagte Arbeitnehmer am untersten Ende der Lohnskala, Sozialhilfeempfänger oder Langzeitarbeitslose, die sich von Ausländern wirtschaftlich überrundet sehen und dafür Politiker und Behörden verantwortlich machen.«

8. Zusammenfassende Thesen:
Die Republikaner als Hoffnungsträger
der »Modernisierungsverlierer«

Die Anhängerschaft der Republikaner ist in sozialstruktureller Hinsicht sehr unterschiedlich. Generell gilt: Zwei Drittel der im Schnitt verlgeichsweise gering qualifizierten REP-Anhänger sind Männer. Hinsichtlich der beruflichen Zusammensetzung überwiegen einfache Arbeiter, Facharbeiter und Selbständige bzw. Landwirte. Die »neuen Mittelschichten« sind unterrepräsentiert. Keine nennenswerten Unterschiede zur Wahlbevölkerung insgesamt zeigen sich bei der Altersstruktur, der konfessionellen Zusammensetzung und der Einkommensverhältnisse. Auch die Herkunft nach städtischen und ländlichen Regionen weist keine signifikanten Besonderheiten auf. Die Wahlabsicht von Gewerkschaftsmitgliedern zugunsten der Republikaner unterscheidet sich nicht vom Bevölkerungsdurchschnitt.

Nach bundesweiten Repräsentativbefragungen beziffert sich der Anteil der REP-Wähler im Herbst 1989 auf etwa fünf Prozent.

Das Unterstützerpotential für die Republikaner liegt bei elf Prozent. Rund 40 Prozent der REP-Anhänger stammen aus dem Lager der Unionsparteien und weitere 20 Prozent aus dem der SPD. Der Rest rekrutiert sich aus der Gruppe der Erstwähler, der ehemaligen Nichtwähler und aus Anhängern anderer Parteien.

Potentiale der Republikaner in der Wahlbevölkerung Februar bis Juli 1989

	Es wollen wählen	Es wollen vielleicht wählen	Es wollen nicht wählen, aber unterstützen
BRD insges.	5	8	11
darunter:			
Bayern	12	15	21
Baden-Württemberg	5	8	12
Hessen	3	7	8
Nordrhein-Westfalen	3	6	9
Niedersachsen	3	8	9

Quelle: INFRATEST (kumulierte Umfragedaten).

Auf der Basis der vorliegenden Untersuchungsergebnisse lassen sich folgende Thesen über die Erfolgsursachen der Partei formulieren:

Die Anhänger der Republikaner speisen sich aus zwei nicht exakt gegeneinander abgrenzbaren Quellen, die sich vor allem in Süddeutschland zu einem breiten Wählerstrom vereinigen.

Unter sozioökonomischen Gesichtspunkten sind die Republikaner eine Partei der »kleinen Leute«. Sie finden überdurchschnittliche Resonanz in Dienstleistungszentren und in urbanen (auch klein- und mittelstädtisch geprägten) Regionen, die weithin durch moderne Industrien, wirtschaftliche Prosperität, starken sozialen Wandel, hohe Mobilität und abnehmende Milieubindungen gekennzeichnet sind. Zumeist hat hier die CDU/CSU eine außerordentlich erfolgreiche Modernisierungspolitik betrieben. Die überwiegend männlichen REP-Anhänger zählen jedoch in der Regel nicht zu den Nutznießern dieser Politik, sondern eher zum unteren Drittel der Gesellschaft, das unter den negativen Begleitumständen der Modernisierung leidet, für sich keine Berufs- bzw. Zukunftsperspektiven sieht und sich von den regierenden Parteien, zumeist eben von den Unionsparteien, im Stich gelassen fühlt. Sie wohnen oft in von der Stadtpolitik vernachlässigten unwirtlichen Arbeitervierteln mit schlechter Bausubstanz und mangelnder Infrastruktur. Während die Regionen insgesamt durch eine breite, gut verdienende Mittelschicht geprägt sind, leiden die Anhänger der Republikaner eher unter dem hohen Preisniveau, steigenden Mieten und drohender Privatisierung von Wohnraum. Die Attraktivität der Regionen zieht Arbeitssuchende, Ausländer und Asylsuchende an, die sich in den einfachen Quartieren niederlassen und zur weiteren Verschärfung der Verhältnisse beitragen.

Entscheidend für die Wahlerfolge der Republikaner scheinen in erster Linie also nicht absolute, sondern relative Deprivation (Benachteiligung), nicht Armut und soziales Elend, sondern ungleiche Lebenschancen von »Modernisierungsverlierern« und »Modernisierungsgewinnern« zu sein.

106

Mit Blick auf politische Einstellungen und Wertorientierungen lassen sich die Anhänger der Schönhuber-Partei als betont autoritär-konservativ und weithin auch als antidemokratisch beschreiben. Sie haben klare Feindbilder und sind deutlich stärker als die Bevölkerung insgesamt durch eine »Law-and-Order-Mentalität«, durch antisemitische und ausländerfeindliche Haltungen geprägt. Die Republikaner instrumentalisieren dieses Bewußtsein für ihre Ziele und verstärken es noch durch eine geschickte Propaganda. Dabei kommt ihnen zweierlei zugute: zum einen die Entwertung des antikommunistischen Feindbildes infolge der Demokratisierungstendenzen in vielen osteuropäischen Ländern. Zum anderen spezifische Folgeerscheinungen des sozialen Wandels: Individualismus, Flexibilität, sinkendes Kollektivbewußtsein und abnehmende Organisationsbereitschaft, Auflösung von Traditionen und Lagermentalitäten, Bedeutungsverlust der klassischen politischen Ideologien. Im Ergebnis vermindern sich die Parteibindungen, und der Anteil an Wechselwählern nimmt zu.

Die Anhänger der Republikaner stehen dem demokratischen System und insbesondere den politischen Parteien besonders skeptisch gegenüber. Enttäuscht sind sie gerade von den Unionsparteien, von denen sie sich nach dem Regierungswechsel in Bonn (»Wende«) nicht nur soziale Protektion und berufliche Aufstiegschancen, sondern vor allem auch eine nationalistische Politik und identifikationsfähige konservative Zukunftsperspektiven erhofft hatten.

Der Erfolg der neuen Rechtspartei verdankt sich dieser, regional bedingten und durch einen raschen gesellschaftlichen Wandel verursachten, Problemkonstellation von relativer Deprivation und politischem Wertevacuum. In dieser Situation befinden sich besonders autoritär-konservativ eingestellte, entwurzelte und benachteiligte Wählergruppen auf der Suche nach sozialem Schutz, politischem Rückhalt und geistiger Orientierung. Wenn derartige Bedürfnisse durch die etablierten politischen Kräfte nicht befriedigt werden, richten sich die Hoffnungen auf neue, scheinbar allmächtige Instanzen, die Abhilfe versprechen. Die Republikaner werden zu Hoffnungsträgern der »Modernisierungsverlierer«.

Den Republikanern ist es wohl vor allem deshalb gelungen, das Bündnis NPD/DVU bei Wahlen zu überrunden, weil sie bei der überwiegenden Mehrheit der Bevölkerung nicht das Image einer verfassungsfeindlichen Partei haben, ideologisch das Feld vom rechten Konservatismus bis zum Rechtsextremismus abdecken und durch die Medien große Publizität erhalten haben. Zudem gelten sie – anders als NPD und DVU – offiziell nicht als rechtsextrem (Ausnahme: NRW). Dadurch werden mögliche Hemmschwellen bei Wählern herabgesetzt, und Parteimitgliedern (z. B. aus dem öffentlichen Dienst) drohen keine Sanktionen. Vielfach werden die Republikaner nicht einmal aus dem demokratischen Spektrum ausgegrenzt, sondern als potentielle Koalitionspartner der CDU/CSU regelrecht hoffähig gemacht.

Wahlergebnisse von REP und DVU-Liste D bei der Europawahl 1989 (Prozent)

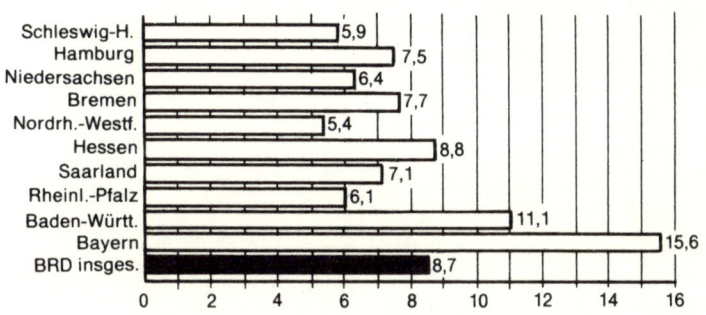

REP-Anhänger Februar 1989 bis Februar 1990 (Bundesgebiet)

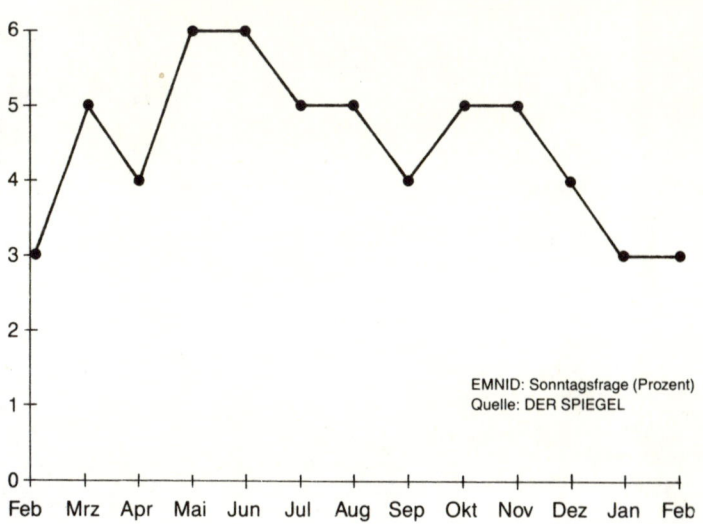

EMNID: Sonntagsfrage (Prozent)
Quelle: DER SPIEGEL

KAPITEL 4

Was zu tun ist:
Maßnahmen gegen die Republikaner

Wenn in der Kapitelüberschrift von »Maßnahmen gegen die Republikaner« die Rede ist, dann ist damit im Grunde genommen der Antifaschismus angesprochen. Warum also nicht »antifaschistische Maßnahmen gegen die Republikaner«?

Mit dem Begriff Antifaschismus wird die Gegnerschaft zum Faschismus bezeichnet. Antifaschismus ist ein politischer Begriff, weithin auch ein politischer Kampfbegriff. Als politischer Begriff hat er sich eingebürgert, als solcher hat er historische Tradition und (in Deutschland) eine Geschichte, die zugleich gekennzeichnet ist durch folgenschweres Versagen und gravierende Mißerfolge bis 1933, durch Verfolgung, KZ-Haft und Tod, durch mutige und vorbildliche Leistungen im Widerstand und schließlich durch hartnäckige Opposition gegen Verdrängung und Verharmlosung von Nationalsozialismus und Rechtsextremismus nach 1945. In meinen Augen besteht kein Grund, auf diesen Begriff als politische Norm und als pädagogisches Ziel zu verzichten, spiegeln sich in ihm doch alle Probleme der deutschen Vergangenheit und Gegenwart schonungslos wider.

Es sind aber auch kritische Anmerkungen notwendig, die sich auf Methoden und Ziele des Antifaschismus beziehen. Genaugenommen ist das Gegenteil von Faschismus nicht Antifaschismus, sondern Demokratie. Antifaschismus drückt nur Gegnerschaft, nicht aber die angestrebte Alternative aus. So wurde und wird im Zeichen des Antifaschismus, aber zu seinem Schaden, auch so manches parteipolitische Süppchen gekocht und so manche Methode praktiziert, die mit dem ideellen Ziel kaum vereinbar ist. Mehr noch: Antifaschismus richtet sich häufig nicht nur gegen Faschisten (Nazis, Neonazis etc.), gegen faschistische oder rechtsextreme Tendenzen in der bundesdeutschen Gesellschaft, sondern vielfach auch gegen (rechts)konservative Politiker. (Der Faschismusvorwurf gegen Franz Josef Strauß klingt noch in den Ohren.) Dahinter mag sich ja ein radikales Bekenntnis zur Demokratie verbergen. Gleichwohl ist der Vorwurf in der Sache falsch, und er verharmlost zudem den Faschismus. Denn wenn Strauß ein Faschist gewesen wäre, dann kann der Nationalsozialismus nicht so schlimm gewesen sein.

In der TAZ kommentierte Klaus Hartung bissig:

> »Jetzt, zum Landesparteitag der ›Republikaner‹, in Berlin, ist wieder der Kampf gegen die Gefahr von rechts angesagt. Das antifaschistische Unterschriftenkartell mobilisiert. Tagesbefehl: ›Wehret den Anfängen‹ . . . Als kollektive Kassandra für die Gefahr von rechts zeigen wir natürlich, daß wir die Lehren von 1933 begriffen haben. Der eifernde Überschuß hinterläßt jedoch einen Nachgeschmack. Es kommen Zweifel auf, ob der Kampf gegen die rechte Gefahr sich auf ein Begreifen der Geschichte des Nationalsozialismus berufen kann . . . Unheimlich finde ich auch die Sucht, mit den ›Republikanern‹ von heute die nationalsozialistische Bewegung von damals zu schlagen und die Weimarer Republik nachträglich zu retten . . . Überhaupt, gibt es nicht ein mächtiges Bedürfnis der Linken nach rechter Gefahr?«

Die populäre Parole »Nazis raus!« greift mit Blick auf die Republikaner entschieden zu kurz. Die Bremer Grünen gaben einer Broschüre über den Einzug der DVU in das dortige Parlament den Titel »Nazis raus – aber wohin?« und machten so auf die Perspektivlosigkeit dieser griffigen Losung aufmerksam.

Auch im konservativen Lager muß Antifaschismus zur Abrechnung mit dem politisch mißliebigen Gegner herhalten. Hans-Helmuth Knütter beispielsweise, Professor für Politikwissenschaft in Bonn, setzt das Wort sogar in Anführungszeichen:

112

Antifa

*»›Antifaschistische‹ Argumente dienen als Methode, ei-
ne sozialistisch-kommunistische Gesellschaftsordnung zu
rechtfertigen.«*

Ganz im antikommunistischen Denken des kalten Krieges
gefangen, unterstellt er den Antifaschisten eigennützige
oder organisationsegoistische – immer jedoch antidemokratische und dem (Alt-)Kommunismus sowjetischer Prägung
dienliche – Ziele. Daß dabei persönliche Erfahrungen und
Leid, Betroffenheit und Besorgnis handlungsleitend sein
könnten, schließt der Politikwissenschaftler aus. Antifaschismus wird umstandslos als kommunistische Veranstaltung denunziert, und diejenigen, die ihn betreiben (auch Sozialdemokraten, Grüne, gewerkschaftliche, linksbürgerliche
und kirchliche Kreise), gelten bestenfalls als trojanische
Esel Moskaus.

Die Diskussion über den Antifaschismus läßt sich wohl am
besten dadurch versachlichen, daß konkrete Gegenmaßnahmen diskutiert und umgesetzt werden. Voraussetzung
dafür ist allerdings, daß ein Konsens über die Notwendigkeit von Gegenmaßnahmen besteht. Das ist nicht immer der
Fall. Ich werde mich in diesem Kapitel auf zwei Problembe-
reiche konzentrieren: Was wird bereits gegen die Republikaner unternommen, und welche weiteren Schritte sind notwendig?

1. Die Bundestagsparteien und die Republikaner

Die Haltung der Unionsparteien gegenüber den Republikanern ist insgesamt weithin wahltaktisch bestimmt. Bis zur
Berliner Wahl hatten die CDU/CSU-Politiker die neue Partei vor allem belächelt. Die – zumeist bescheidenen – Wahlergebnisse wurden eher verharmlost. Daß es sich bei den
Republikanern um eine potentielle Konkurrenz handeln
könnte, übersah man geflissentlich. Maßgeblich dafür dürften auch die ständigen inneren Konflikte gewesen sein, die
die Republikaner nicht gerade als bedrohliche Alternative
ausgewiesen hatten. Auch die Berliner CDU gab sich vor
den Wahlen siegessicher und maß der Tatsache, daß sich die

Berliner REP-Organisation weithin aus ehemaligen Unionsmitgliedern speiste, keine weiterreichende Bedeutung bei.

Die Situation nach der Wahl war dann bundesweit durch große Unsicherheit darüber geprägt, wie die Schwesterparteien fortan mit den Republikanern umgehen sollten. Eine offizielle Beschlußlage existierte zunächst nicht. Am Tag nach der Wahl gestand der rechte Berliner CDU-Politiker Heinrich Lummer ein, daß die Republikaner unterschätzt und ihre Wahlkampfthemen nicht ernst genug genommen worden seien. Der ehemalige Berliner Innensenator und derzeitige CDU-Bundestagsabgeordnete, dem zuvor immer wieder REP-Sympathien nachgesagt worden waren, hatte der Partei angeblich von einer Wahlteilnahme abgeraten. Er distanzierte sich damals zwar von den Republikanern, erklärte aber klipp und klar, daß die Partei nicht als rechtsradikal einzustufen und daß der Vorwurf der Verfassungsfeindlichkeit eher an die Adresse der Berliner AL zu richten sei. Anders am Tag darauf der CDU-Generalsekretär Heiner Geißler: »Wir müssen die Republikaner bekämpfen wie die NPD.« Ende Februar erklärte Lummer die Republikaner wiederum für koalitionsfähig und bescheinigte ihnen erneut, auf dem Boden der freiheitlichen demokratischen Grundordnung zu stehen. Im hessischen Kommunalwahlkampf unternahm vor allem die Frankfurter CDU den Versuch, die Rechtsextremisten durch eine betont ausländerfeindliche Propaganda auszustechen. Diese Strategie scheiterte. Denn dadurch wurden NPD und Republikaner erst richtig hoffähig, und viele Wähler entschieden sich am 12. März für das Original statt für die Kopie.

In der Folge gewann der (mittlerweile abgelöste) CDU-Generalsekretär Geißler mit seinem Kurs einer bedingten Abgrenzung innerparteilichen Boden. Hilfreich dafür war auch die Erklärung des rheinland-pfälzischen Ministerpräsidenten Carl-Ludwig Wagner Mitte März, der eine künftige Koalition mit den Republikanern nicht ausschloß und sich damit heftige Kritik vom Bundeskanzler, vom baden-württembergischen Ministerpräsidenten Späth und vom CSU-Generalsekretär Huber zuzog. Zwar blieb Wagners

Sichtweise nicht ohne Zustimmung aus Unionskreisen, er mußte seine Position später dennoch revidieren. Ausschlaggebend war wohl die einstimmige Erklärung des CDU-Bundesvorstandes vom 17. April 1989, daß jede Koalition mit den Republikanern abzulehnen und jede Form des politischen Radikalismus zu bekämpfen sei.

Diese Linie prägte auch den Europawahlkampf der CDU. Sie fand vor allem in zwei Losungen ihren Niederschlag:

- *»Wer rechtsradikal wählt, wird links regiert«*
- *»Radikale und SPD – Zukunft und Wohlstand ade«*

Mit der ungerechtfertigten und auch in konservativen Kreisen umstrittenen Gleichsetzung von Grünen und Republikanern fand eine nur halbherzige Abgrenzung gegenüber dem Rechtsextremismus statt, der mit dieser Formel überdies verharmlost wurde. Zum Hauptgegner der Wahlkampagne erkor die CDU nicht die Republikaner, sondern rotgrüne Koalitionen. Geschickt wurde die SPD in die Verantwortung für die Desintegrationsprozesse am rechten Rand des Parteiensystems eingebunden. Nach Geißlers Auffassung war die Sozialdemokratie nämlich mitverantwortlich für das Erstarken des Rechtsextremismus: Sie habe den rechten Radikalismus enttabuisiert, indem sie den linken Radikalismus hoffähig gemacht habe.

Am 18. Mai 1989 stellte Geißler der Bundespressekonferenz eine Dokumentation über die Republikaner (»Die REP. Analyse und politische Bewertung einer rechtsradikalen Partei«) vor, in der eingangs wiederum auf die Mitverantwortung der SPD für die REP-Erfolge hingewiesen wurde: Die »Sozialhetze« der Sozialdemokratie gegen die Gesundheitsreform der Bundesregierung habe zum Wahlerfolg der Republikaner in Berlin beigetragen. Offen blieb allerdings die Bedeutung der Politik der Unionsparteien für Entstehung und Erfolg der Schönhuber-Partei.

Sieht man einmal von der mit dieser Dokumentation beabsichtigten Entlastungsstrategie und der reichhaltigen Polemik gegen SPD und Grüne ab, dann enthält sie eine Vielzahl wichtiger Fakten sowie respektable analytische Befunde über die Republikaner. Die Ursachen für ihren Aufstieg werden in folgendem Passus beschrieben:

> *»Die Anfangserfolge rechtsradikaler und rechtsextremer Parteien bei den Wahlen in Berlin und Frankfurt sind darauf zurückzuführen, daß sie den Protest von rechts gegen den gesellschaftlichen Wandel, gegen die Modernität, Komplexität und Pluralität unserer heutigen Gesellschaft mobilisieren, die von ihnen als dekadent, ungerecht, anarchisch und als ›überfremdet‹ empfunden wird. Wesentliche Elemente der REP-Politik sind daher Nationalismus, rechter Neutralismus, Ausländer- und Fremdenfeindlichkeit, Intoleranz, Vergötzung des Obrigkeitsstaates und Freund-Feind-Denken. Weitere Ursachen für die Entstehung der REP sind der Rückgang der traditionellen Wählerbindungen, die zunehmende Enttabuisierung rechtsradikaler Themen als Folge des Generationenwechsels, Parteienverdrossenheit sowie Unzufriedenheit mit einzelnen Entscheidungen der Koalition.«*

Die Dokumentation befaßt sich ausführlich mit Programmatik und Propaganda der Partei und gelangt u. a. zu folgenden Beurteilungen: Die Republikaner

- *»verharmlosen nationalsozialistische Verbrechen«*,
- *»relativieren die Kriegsschuld Deutschlands«*,
- *»verharmlosen die Verbrechen an den Juden«*,
- *»schüren Ausländerfeindlichkeit und Fremdenhaß«*,
- *»schüren Ressentiments gegen die demokratischen Parteien und ihre Repräsentanten«*,
- *»wollen die Tarifautonomie zerschlagen«*,
- *»wollen die Pressefreiheit beseitigen«* und
- *»kündigen den inneren Frieden auf«*.

Diese Befunde lassen keinen Zweifel am antidemokratischen Charakter der Republikaner. Unklar bleibt, und dazu bezieht die Dokumentation an keiner Stelle Position, warum die Partei nur als rechtsradikal (und damit dem demokratischen Spektrum zugehörig) bezeichnet wird, warum diese massiven Vorwürfe nicht hinreichen, um sie als rechtsextrem einzustufen. Obwohl in der Dokumentation der kompromißlose Kampf gegen radikale Parteien und gegen die Ursachen ihres Erfolges gefordert wird, finden sich keinerlei Hinweise auf geplante Gegenmaßnahmen.

Die CSU präsentierte am 1. Juni 1989 eine eigene Dokumentation (»Republikaner auf Radikalkurs«), die nach Umfang und Gründlichkeit der Recherche weitaus anspruchsloser ist als die der Schwesterpartei. Auch hier wird darauf verzichtet, Strategien zur Bekämpfung der Republikaner zu benennen.

Mitte Juli 1989 geriet auch die Sozialdemokratie in den Verdacht, ihr Verhältnis zu den Republikanern nach wahltaktischen Gesichtspunkten zu bestimmen. Die »Süddeutsche Zeitung« hatte damals über ein internes Strategiepapier der SPD vom Dezember 1988 berichtet, in dem Spekulationen über die Wahlchancen rechtsextremer Parteien angestellt worden seien. Die Verfasser des Strategiepapiers glaubten, daß CDU/CSU in eine »Zwickmühle« geraten würden, wovon die SPD profitieren könne. SPD-Bundesgeschäftsführerin Anke Fuchs wehrte sich nach dem Bekanntwerden des Papiers gegen den Vorwurf, die SPD würde ein Anwachsen rechtsextremer Parteien auf Kosten der Unionsparteien in Kauf nehmen, und setzte eine Beratungsgruppe aus Wissenschaftlern und Mitarbeitern der Parteizentrale ein, deren Aufgabe es sein sollte, die Wählerschaft der rechtsextremen Parteien zu analysieren und praktische Vorschläge zur Bekämpfung dieser Organisationen auszuarbeiten. Der analytische Berichtsteil wurde Anfang Oktober veröffentlicht (»Weder verharmlosen noch dämonisieren«), die Empfehlungen der SPD für die Auseinandersetzung mit der extremen Rechten (»Offensives SPD-Profil, keine Sonderangebote«) kurze Zeit später.

Die Sozialdemokratie stuft die Republikaner als rechtsextrem ein. Ein Verbot der Partei wird jedoch abgelehnt. Zur Frage der Beobachtung durch die Verfassungsschutzämter nimmt der Empfehlungsteil des Berichtes nicht Stellung.

»Wir halten ein Verbot der REP für kein geeignetes Mittel, dieser Partei und dem Rechtsextremismus insgesamt wirkungsvoll zu begegnen. Nähme man den REP-Anhän-

gern durch Verbot die Möglichkeit, ihre Gesinnung oder ihren Protest durch Teilnahme am demokratischen Prozeß auszudrücken, würde dies das Mißtrauen gegen die ›etablierten‹ Parteien nur verstärken und die Radikalisierung der extremen Rechten befördern.«

Die SPD spricht sich jedoch nicht grundsätzlich gegen Verbote rechtsextremer Parteien aus:

»Gegen den gewalttätigen bis terroristischen Kern der extremen Rechten sind dagegen alle vorhandenen polizeilichen und strafrechtlichen Mittel konsequent auszuschöpfen. Wir unterstützen die Forderung nach einem Verbot der ›Freiheitlichen Arbeiterpartei‹ (FAP) und der ›Nationalistischen Front‹ (NF).«

Hinsichtlich der Anhänger der rechtsextremen Parteien wird eine Unterscheidung vorgenommen, die auch für die Gewerkschaften von Bedeutung sein könnte:

»Die Anhänger der rechtsextremen Parteien sind von sehr unterschiedlicher Herkunft. Eine politische Linie, die sie alle über einen Kamm schert, sie unterschiedslos als ›soziale Opfer‹ behandelt und generell Verständnis für ihren Protest äußert, ist falsch und macht keinen Sinn.

Innerhalb der REP-Anhängerschaft gibt es einen Kern mit rechtsextremen, antidemokratischen Einstellungen. Ihnen muß die SPD kompromißlos entgegentreten. Das wird bei jenem Teil der REP-Anhängerschaft, dem es tatsächlich um sozialen Protest geht, die Hemmschwelle gegen eine weitere Unterstützung der REP erhöhen. Den Protestwählern aus sozialen Gründen wollen wir deutlich machen: Wir verstehen ihre Ängste vor den Problemen, die mit dem Zuzug vieler Menschen in unser Land verbunden sind – aber dies darf kein Grund sein, die Rechtsextremen zu unterstützen. Die Wahl einer im Kern antidemokratischen Partei ist kein ›Kavaliersdelikt‹.«

Die SPD setzt auf »argumentative Konfrontation« mit den Republikanern, ohne diese unnötig aufzuwerten. Die politische Auseinandersetzung soll am Arbeitsplatz, bei Hausbesuchen, in den Vereinen, an Informationsständen, in den lokalen Medien usw. stattfinden. Zudem werden parteieigene kleinräumige Veranstaltungen unter Beteiligung von Gewerkschaften und Kirchen sowie Seminare für die Weiterbildung von Parteimitgliedern und -funktionären empfohlen. Als bestes Mittel für die Auseinandersetzung wird jedoch »eine politisch glaubwürdige, sachverständige und mutige SPD« bezeichnet, »deren Repräsentanten das Ohr am Volk haben, den Bürgerdialog ernst nehmen und den traditionellen wie den neuen Wählerschichten der Partei vertrauenerweckende Gesprächspartner sind«.

> *»Ein überzeugendes und offenes SPD-Profil wird sich im Kern aus eindeutigen und nachvollziehbaren Aussagen zur ökologischen Erneuerung, zu einer solidarischen Sozial- und Arbeitsmarktpolitik und zu einer menschengerechten Mietrechts- und Wohnungsbaupolitik zusammensetzen . . . Individuelle Verwirklichung, persönliche Leistung und kollektive Solidarität können zusammengedacht und praktisch miteinander verbunden werden – nicht zuletzt in einer humanisierten, qualifizierten und demokratisierten Arbeitswelt.«*

Nach der Europawahl riefen die Liberalen zum entschiedenen Kampf gegen die Republikaner auf und erklärten mit deutlicher Stoßrichtung gegen den Koalitionspartner CDU/CSU, daß es selbst dann keine Koalitionen mit der Schönhuber-Partei geben dürfe, wenn rot-grüne Bündnisse an die Macht zu gelangen drohten. Der FDP-Vorsitzende, Graf Lambsdorff, nannte Schönhuber damals einen »Neo-Nazi« und charakterisierte die Partei so:

> *»Die Führer sind Neo-Nazis, die Partei ist rechtsextremistisch, die Wähler werfe ich nicht alle in einen Topf.«*

Die FDP-Politikerin Hamm-Brücher warnte vor einer All-Parteien-Kampagne gegen die Republikaner (diese Forderung war im Sommer verschiedentlich erhoben worden): »Wir müssen aufpassen, die Republikaner durch solch eine organisierte Riesenaktion nicht zu sehr aufzuwerten.« Im August legte auch die FDP eine eigene Studie über die Republikaner vor (»Liberale contra Republikaner«). Einleitend erklärt die Generalsekretärin, Schmalz-Jacobsen:

119

*»Ziel der F.D.P. muß es sein, in der geistigen Auseinan-
dersetzung mit den Republikanern deren zutiefst frei-
heits- und fortschrittsfeindliche Grundhaltung zu entlar-
ven und überzeugend für die Grundwerte des Liberalismus beim Bürger zu werben: Toleranz und Dialogbereit-
schaft, ohne die unsere Gesellschaft keine Überlebens-
chance hat.«*

Daher benennt die Studie im Rahmen der ausführlichen
Abhandlung des REP-Programms auch jeweils die Gegen-
positionen der FDP. Konkrete Gegenmaßnahmen werden
jedoch nicht benannt. Die Gesamtbewertung der Partei fällt
sehr schwammig, jedenfalls aber zurückhaltend aus: »diffus
rechtsnational«. Das Programm sei »unbestritten spießig,
verzopft und reaktionär«, aber es enthalte keine eindeutig
rechtsextremistischen Aussagen.

Die Position der Grünen ist – wie so häufig – schwer zu
umreißen, da sich in der Partei die unterschiedlichsten Strömungen zusammenfinden und das Meinungsspektrum zum
Rechtsextremismus außerordentlich breit ist. Es liegt eine
Flut von Diskussionsbeiträgen, Stellungnahmen und Papie-
ren vor. Innerparteiliche Debatten werden zumeist durch
ausführliche Positionspapiere (z. B. »Argumente gegen
REPs & Co.«) vorbereitet. Am Ende bleibt dann aber doch
unklar, was Beschlußlage ist. Die Mehrheitsmeinung könnte sich in dem Beitrag von Lothar Probst, Mitglied des Landesvorstandes in Bremen, auf der Bundesdelegiertenver-
sammlung 1987 in Oldenburg ausgedrückt haben. Probst
kritisierte den Versuch, sich mit »dem bewährten Mittel
staatlicher Sanktionierung das Problem schnell vom Halse«
zu schaffen und sagte dann:

*»Es sollte aber gerade Aufgabe der Grünen sein, das
Problem des Neonazismus als gesellschaftliches Phäno-
men aufzugreifen und zu bekämpfen. Neben der gemein-
samen Überzeugungsarbeit mit Gewerkschaften, Kirchen und antifaschistischen Gruppierungen besonders in
bezug auf die Ausländerfeindlichkeit und der Bekämpfung einer Politik der Armut und Ausgrenzung sollten die
Grünen vor allem beispielhaft eine demokratische Kultur
der Diskussion und Auseinandersetzung in der Bundesre-*

*publik installieren, die politische Minderheiten und poli-
tisch Andersdenkende nicht als Feinde, sondern als gern
gesehene Gegner sieht.«*

Es ist nicht untypisch für grüne Positionen, daß diese Auf-
gabenbeschreibung letztlich widersprüchlich ist: Sie fordert
den Kampf gegen den Neofaschismus und bezeichnet zugleich politisch Andersdenkende als »gern gesehene Gegner«. Ganz allgemein schwanken die Positionen der Grünen
zwischen Toleranz und Härte, und sie zeichnen sich vielfach
auch dadurch aus, daß sie betont unkonventionell sind.

So soll Antje Vollmer nach Presseberichten in einer ZDF-
Sendung gesagt haben, daß sie sich die Republikaner zwar
nicht wünsche. »Aber warum sollen ausgerechnet wir mit
unserer Geschichte als einziges westeuropäisches Land keine Rechtsradikalen haben?« Rechtsradikalismus sei ein
»Normalfall der Demokratie«. Dabei handelt es sich um ein
gängiges konservatives Argument, das von den spezifischen
Versäumnissen bundesdeutscher Politik ablenkt und letzt-
endlich auf die Verharmlosung der Republikaner zielt. Frau
Vollmer würde sicherlich mit Blick auf die Atomkraftwerke
oder das Waldsterben nicht von »Normalität« reden, obwohl es dergleichen ebenfalls in anderen Ländern gibt.
Selbst wenn sich überall in Westeuropa der Rechtsextremismus ausbreitet, dann ist das nicht »normal«[4], sondern besonders bedrohlich. Oder umgekehrt: Ein Mißstand wird
nicht dadurch erträglicher, daß er auch anderswo besteht.
Es klingt ja fast wie ein Naturgesetz, daß Demokratien immer auch Rechtsextremismus erzeugen. Ich habe im zweiten
Kapitel dieses Buches dargelegt, daß der Erfolg der Republikaner spezifische Ursachen hat, die in den konkreten ge-

---

4 Untersuchungen über rechtsextreme Einstellungen und Verhaltensweisen in den
 zwölf Ländern der Europäischen Gemeinschaft zeigen, daß sich die Situation von
 Land zu Land sehr unterschiedlich darstellt. Zum Beispiel Ausländerfeindlichkeit:
 Sie beträgt im EG-Durchschnitt 14 Prozent. An der Spitze liegen Belgien (23 %)
 und die Bundesrepublik (20 %), am Ende Portugal (5 %) und Luxemburg (4 %).
 Besonders ausländerfreundlich und demokratisch eingestellt sind die Italiener
 (49 %) und Spanier (34 %). Der EG-Durchschnitt liegt hier bei 22 Prozent. Die
 Bundesrepublik erzielte mit elf Prozent den drittschlechtesten Wert vor Großbri-
 tannien (8 %) und Dänemark (6 %) (Quelle: Eurobarometer).

sellschaftlich-politischen Verhältnissen der Bundesrepublik liegen. Und genau diese konkreten Mißstände müssen beseitigt werden, um der Partei den sozialen Boden zu entziehen.

Unkonventionell (aber anregend) ist auch der Diskussionsbeitrag von Bernd Ulrich, einem Mitarbeiter der Bundestagsfraktion der Grünen. Ulrich behauptet unter anderem, der Aufschwung der Republikaner habe keinerlei soziale (sondern ausschließlich politische) Ursachen:

> *»Die These von den sozialen Ursachen ist ebenfalls interessiert; interessiert nämlich an der Vorstellung, man könne den Rechtsextremen mit Wohnungen das Maul stopfen. Die zutiefst sozialdemokratisch-sozialistische Vorstellung vom Verhältnis von Fressen und Moral stimmt hier (wieder mal) nicht.«*

Nach Ulrich signalisiert der Aufschwung der Republikaner den Niedergang des Rechtsextremismus in der Bundesrepublik. Für ihn sind die Republikaner gewissermaßen die Dinosaurier der Nachkriegszeit:

> *»Rechtsextremismus, Revisionismus und Revanchismus in der BRD haben aufgehört, sich von selbst zu verstehen. Sie sind nicht mehr heimliche und halblaute Staatsideologie. Selbst die CDU treibt sozialdemokratische Entspannungspolitik. Die Nachkriegszeit hat angefangen aufzuhören. Nirgendwo ist das deutlicher als beim Absterben des Antikommunismus. FJS [Franz Josef Strauß] hat dessen Ende noch selbst verkündet. Ein zweiter Pfeiler, der kippt. Auch in der Frauen- und der Ökologiefrage ist der Durchbruch geschafft. Die Ökologie hat die altdeutschen Fragestellungen verdrängt, die Frauen haben die geistige und moralische Hegemonie gewonnen. Die Geschlechterrollen wandeln sich, was sehr viele Männer als eine rapide Rückwärtsbewegung empfinden. Gleichzeitig ist die BRD ein sehr tolerantes und offenes Land geworden – trotz allem. Jetzt tun sich diejenigen zusammen, die all das nicht wollen oder nicht so schnell können. Die REPs sind die Schutzgemeinschaft deutscher Mann. Sie sind ein Verein zur Rettung einer*

aussterbenden (Un-)Art. Sie werden den Niedergang nicht hindern, aber sie wehren sich.«

Als strategische Konsequenz fordert Ulrich unter anderem »Gelassenheit in der Politik und Genauigkeit in der Argumentation« gegenüber den Republikanern. Damit richtet er sich wohl auch ein bißchen gegen die vielfältigen Aktivitäten seiner Parteifreunde an der Basis, die sich in der Regel mit besonderem Engagement, allein oder im Bündnis mit Antifagruppen, kirchlichen oder gewerkschaftlichen Kreisen, gegen den Rechtsextremismus wehren.

2. Der Verfassungsschutz und die Republikaner

Nach den Berliner Wahlen hatten sich Vertreter von Verfassungsschutzbehörden vor allem aus unionsgeführten Regierungen zunächst in dem Sinne geäußert, daß die Republikaner zwar radikal, nicht aber extremistisch seien. Sie bewegten sich, so auch der Hamburger Verfassungsschutzchef Lochte (CDU), am »äußersten rechten Rand des demokratischen Spektrums«. Der Direktor des Landesamtes für Verfassungsschutz in Hessen erklärte im Februar 1989 gegenüber der »Frankfurter Rundschau«:

> *»Die Republikaner sind zwar Radikale, haben aber die Grenze zum Extremismus bisher nicht überschritten. Radikale Gruppierungen jedoch unterliegen nicht der Beobachtung durch den Verfassungsschutz. Objekte unseres Interesses dürfen nur Gruppen und Organisationen sein, deren Bestrebungen sich gegen die freiheitlich-demokratische Grundordnung richten oder den Bestand und die Sicherheit der Bundesrepublik oder eines Landes beeinträchtigen. Das aber ist bei den Republikanern unseres Wissens bislang nicht der Fall.«*

Allein der nordrhein-westfälische Innenminister Schnoor (SPD) zog bereits zu dieser Zeit die Beobachtung der Schönhuber-Partei mit nachrichtendienstlichen Mitteln in Erwägung. Die Experten der Verfassungsschutzämter machten sich zunächst sachkundig. Im Mai 1989 verschickte das Bundesamt an alle Landesämter eine Analyse, die nach Angaben des SPIEGEL zu folgenden Ergebnissen gelangte:

● Die allgemeine Zielsetzung der Republikaner unterscheide sich höchstens im Tonfall von der Programmatik von NPD und DVU (die beide als rechtsextrem gelten und beobachtet werden).

● Nahezu 20 Prozent der Funktionäre im REP-Bundesvorstand seien früher zum Teil an maßgeblicher Stelle in rechtsextremen Organisationen aktiv gewesen.

● 44 von 282 aktiven Amtsinhabern der Republikaner hätten einen teils massiven rechtsextremistischen, sieben Personen sogar einen neonazistischen Vorlauf.

● Es bestünden Zweifel, ob die Republikaner die Grundrechte respektierten sowie Volkssouveränität und Mehrparteienprinzip achteten.

Fazit der Analyse laut SPIEGEL: Da der Verdacht gegeben sei, daß eine Bestrebung gegen die freiheitliche demokratische Grundordnung vorliege, führe wohl kein Weg an der Notwendigkeit vorbei, die Republikaner systematisch zu beobachten.

Der Chef des Bundesamtes, Gerhard Boeden, hielt die Angelegenheit damals aber noch nicht für entscheidungsreif, und so einigten sich die Behörden des Bundes und der Länder darauf, in einer »Vorprüfphase« zunächst noch weitere Erkenntnisse über die Verfassungstreue der Republikaner aus allgemein zugänglichen Quellen zu sammeln. Bis September sollte dann über eine offizielle Observation entschieden werden.

Daß es viele Verdachtsmomente dafür gibt, daß die Republikaner verfassungsfeindliche Ziele verfolgen, räumte Anfang Juni 1989 auch der bayerische Innenminister Stoiber (CSU) ein. Und Anfang September verschickte ein Referatsleiter im Kölner Bundesamt ein vertrauliches Papier an die sechs sozialdemokratischen Innenminister bzw. Innensenatoren sowie an die Bonner SPD-Fraktion, in welchem er die nachrichtendienstliche Beobachtung der Republikaner als überfällig bezeichnete:

124

● Die Hauptaufgabe des Verfassungsschutzes, als Frühwarnsystem für das Aufkommen extremistischer Bestrebungen zu dienen, sei nicht ausreichend wahrgenommen
worden.

● Eine vergleichbare Entwicklung im linksextremistischen
Spektrum der Bundesrepublik hätte zweifellos schon
längst zur nachrichtendienstlichen Beobachtung geführt.

● Alle Untersuchungen belegten, daß die Republikaner im
Kern auf die Herabsetzung und Verächtlichmachung
der Verfassungsordnung abzielten.

● Jede weitere Etablierung und parlamentarische Verankerung der Republikaner erschwere tendenziell die not-
wendige Entscheidung[5].

Diese wurde jedoch auf das Jahresende vertagt. Allein
Nordrhein-Westfalen entschied sich Ende September im
Alleingang für die nachrichtendienstliche Ausspähung der
Schönhuber-Partei.

3. Methoden und Ziele des Antifaschismus in der Diskussion

Seit etwa zehn Jahren findet in der Bundesrepublik eine in-
tensive Diskussion über Methoden und Ziele der Auseinandersetzung mit dem Rechtsextremismus statt. Die traditionellen – auf Frieden, Demokratie und Antifaschismus ge-
richteten – Forderungen der Gegner und Verfolgten des
Nationalsozialismus werden dem Problem heute allein nicht
mehr gerecht. Sie lauten:

– Wiedergutmachung und soziale Sicherheit für alle Opfer
des Nationalsozialismus,

– Verfolgung und Bestrafung der NS-Verbrecher,

– Verbot oder Auflösung nazistischer und rechtsextremer
Organisationen,

---

5 Die Informationen über die genannten internen Papiere aus dem Bundesamt für
Verfassungsschutz stammen, fast wörtlich, aus: DER SPIEGEL, Nr. 46/1989.

– Unterbindung aller rechtsextremen Aktivitäten,

– Vermittlung der Geschichte des antifaschistischen Widerstandes und Ehrung seines Vermächtnisses.

Kritiker behaupten beispielsweise, daß der Rechtsextremismus durch spektakuläre Gegendemonstrationen unangemessen aufgewertet werde. Kleine Veranstaltungen mit nur wenigen Teilnehmern erhielten überhaupt erst durch massenhaften Protest eine Resonanz in den Medien und damit eine Beachtung, die sie gar nicht verdienten. Die Antifaschisten bewirkten so das genaue Gegenteil von dem, was sie eigentlich anstrebten: Sie verhälfen einzelnen rechtsextremen Organisationen zu großer Publizität (die diese von sich aus niemals erreichen würden) und damit womöglich sogar zu neuen Anhängern und Mitgliedern. Diese Argumentation wurde gerade mit Blick auf den überraschenden Wahlerfolg der Republikaner in Berlin vorgetragen: Erst die teilweise gewalttätige Demonstration gegen die Wahlkampfveranstaltung der Partei am 18. Januar 1989 und die heftigen Proteste gegen den ausländerfeindlichen Wahlspot im Fernsehen hätten die Republikaner zu einem »Medienereignis« aufgebauscht und ihnen so den parlamentarischen Durchbruch ermöglicht.

Im Prinzip ist dieses Argument nicht ohne weiteres von der Hand zu weisen. Tatsächlich sollte vor jeder Veranstaltung das Verhältnis von Aufwand und Ergebnis sorgfältig abgewogen werden, um zu verhindern, daß der befürchtete Effekt eintritt. Dieser Einwand wird allerdings auch häufig von Personen vorgetragen, die prinzipiell für eine drastische Reduktion antifaschistischer Aktionen eintreten. Ihnen ist entgegenzuhalten, daß sie Ursache und Wirkung verwechseln. Denn Faschismus bzw. Rechtsextremismus sind kein Produkt des Antifaschismus, sondern Resultat eines außerordentlich komplexen Gemisches von individuellen und gesamtgesellschaftlichen Ursachen. Wenn überhaupt, dann spielt dabei die Kenntnisnahme von einzelnen rechtsextremen Vorgängen aus den Medien nur eine nebensächliche Rolle.

Ein wichtiger Diskussionsgegenstand ist auch die Gewaltfrage: Seit Beginn der achtziger Jahre wächst die Gewaltbereitschaft in den antifaschistischen Gruppen und Initiativen. Als Reaktion auf die zunehmende und weithin von jugendlichen Randgruppen ausgeübte Gewalt von rechts gewinnt ein militanter Antifaschismus an Einfluß, der es darauf anlegt, den politischen Feind in Straßenschlachten zu besiegen oder durch gezielte Anschläge auf neonazistische Personen und Objekte einzuschüchtern und zu demoralisieren. Es werden Autos angezündet und in die Luft gesprengt, Brandanschläge auf Wohnungen und Versammlungsräume verübt, ja sogar ganze Häuser »abgefackelt«. Militante »Antifas« legen Dossiers mit Fotos und Autokennzeichen über führende Neonazis an, die auf ihren »Hitlisten« stehen.

Der Zweck heiligt nicht die Mittel! Aufgabe von Gegenmaßnahmen muß es sein, die Öffentlichkeit für Bedrohungen der Demokratie zu sensibilisieren, von den eigenen Zielen zu überzeugen und weitere Mitstreiter zu gewinnen. In einer Demokratie ist peinlich genau auf Legalität der Vorgehensweisen zu achten. Die Methoden der Neofaschisten dürfen nicht die Methoden des Antifaschismus sein. Das Instrumentarium des gewaltfreien Protestes ist mittlerweile so vielgestaltig, phantasievoll und öffentlichkeitswirksam, daß auf diese Weise – wie die Erfahrung lehrt – selbst große Versammlungen und Aufmärsche verhindert oder unterlaufen werden können. In Anbetracht der zahlreichen Überfälle von Neonazis auf antifaschistische Treffen, Veranstaltungen und Demonstrationen ist zwar hinreichender Schutz dringend notwendig, die Ordner sollten sich aber unbedingt auf die Abwehr von Angriffen beschränken.

Ohne jeden Vorbehalt muß klargestellt werden, daß Gewalt kein geeignetes Mittel ist, um den Rechtsextremismus einzudämmen, zu verhindern oder gar im offenen Kampf zu besiegen. Gewalt erzeugt zumeist Gegengewalt, festigt die Reihen der Gegner und steigert deren Fanatismus.

4. Administrative Maßnahmen gegen die Republikaner?

Unter administrativen Maßnahmen sind insbesondere Parteiverbote, nachrichtendienstliche Überwachung, polizeiliche Mittel, Berufsverbote und Unvereinbarkeitsbeschlüsse zu verstehen. Mit deutlicher Stoßrichtung gegen die Ziele der traditionellen Verfolgtenverbände (wie z. B. VVN) wird immer wieder darauf hingewiesen, daß Verbote und Sanktionen höchst problematisch seien und, ebenso wie andere administrative Maßnahmen, die eigentlichen Ursachen des Rechtsextremismus nicht beseitigten. Der Antifaschismus dürfe sich überdies nicht auf den Kampf gegen den organisierten Rechtsextremismus beschränken, weil damit nur an seinen Symptomen laboriert werde. Zentraler Ansatzpunkt müßten die Motive, Probleme und Strukturen sein, die die Ausbreitung des Rechtsextremismus begünstigen.

Wenn wir uns die allgemeinen Ursachen für rechtsextremes Denken und Handeln auch nur sehr verkürzt vor Augen führen, dann wird diese Argumentation einsichtig:

Hinsichtlich der Ursachen des Rechtsextremismus ist zwischen individuellen und gesamtgesellschaftlichen Faktoren zu unterscheiden. Im Zentrum der individuellen Faktoren stehen autoritäre Charaktermerkmale und andere sozialisationsbedingte Fehlentwicklungen, die die Entstehung von antidemokratischen Einstellungen begünstigen. Hinzu kommen Unzufriedenheit mit der persönlichen Lebenssituation und Entfremdung gegenüber den bestehenden wirtschaftlichen, sozialen und politischen Verhältnissen. In dieser Situation werden vielfach Ersatzwelten (Personen, Gruppen, Symbole) gesucht, die Macht, Stärke, Sicherheit und Geborgenheit verheißen und Identifikation und Orientierung ermöglichen. Zu den gesamtgesellschaftlichen Ursachen des Rechtsextremismus zählen zunächst Krisenerscheinungen im ökonomischen (z. B. Arbeitslosigkeit, Armut, strukturelle Benachteiligung einzelner Wirtschaftssektoren oder sozialer Schichten), sozialen (z. B. unbefriedigende Wohn- und Lebensbedingungen, Infrastrukturen, Freizeitangebote oder Nachbarschaftsbeziehungen) und politischen Bereich (z. B. geringe Anerkennung der demokratischen Institutionen, mangelnde Bindungsfähigkeit bzw. Bindungsverluste von Parteien, Verbänden usw.). Weiterhin wird die Ausbreitung des Rechtsextremismus durch antidemokratische Elemente in der politischen Kultur begünstigt: Verdrängung und Verharmlosung des Nationalsozialismus, mangelndes demokratisches Bewußtsein und Diskreditierung des Antifaschismus.

Diesen – hier in aller Kürze aufgezählten – Bedingungen für Rechtsextremismus kann man mit administrativen Maßnahmen nicht beikommen. Darauf verweisen immer wieder Lehrer, Pädagogen, Psychologen, Sozialarbeiter und Jugendsoziologen, die in ihrer beruflichen Tätigkeit unmittelbar mit dem alltäglichen Rechtsextremismus (zumeist von Jugendlichen) konfrontiert und gezwungen sind, konkrete Gegenmaßnahmen zu entwickeln und zu praktizieren. Sie beziehen sich auf einen Strang des komplizierten Ursachengeflechtes, der in der Tat lange Zeit in seiner Bedeutung für den Antifaschismus völlig unterschätzt worden ist: die individualpsychologischen und sozialisationsbedingten Ursachen für antidemokratische Einstellungen und Verhaltensweisen. Vor allem solche Personen, die noch nicht fest in das organisierte Netzwerk des Rechtsextremismus eingebunden sind, können – z. B. als Ergebnis von pädagogischen Maßnahmen oder Projekten der Jugendarbeit – Lernprozesse vollziehen und sich umorientieren. Sie zu stigmatisieren und auszugrenzen, hätte mit hoher Wahrscheinlichkeit zur Folge, daß sie noch weiter ins rechte Lager abrutschen würden.

In Reaktion auf die Ende der siebziger Jahre in der Bundesrepublik einsetzende pronazistische Protestwelle unter Jugendlichen sind neue Unterrichtsformen und Projektmodelle entwickelt worden, die Aufklärung und Betroffenheit miteinander koppeln, indem die Beteiligten selbst Aktivitäten entfalten, dabei von ihren eigenen Interessen und Bedürfnissen ausgehen und an persönliche Erfahrungen anknüpfen. Einige Beispiele:

● Interviews und Diskussionen mit Zeitzeugen: gerade auch aus Familie und Nachbarschaft,

● lokalhistorische Projekte: Geschichte der Schule, des Wohnviertels etc. während der NS-Zeit,

- antifaschistische Stadtrundfahrten zu historischen Stät-
ten des Nationalsozialismus und des Widerstandes,

- Planung und Durchführung von Ausstellungen oder
Theateraufführungen,

- Besuche von Gedenkstätten und ehemaligen Konzentra-
tionslagern.

Die Erfahrungen mit derartigen Projekten sind im großen
und ganzen positiv, und viele Konzepte gehören mittlerweile zur gängigen Praxis in der schulischen und außerschuli-
schen Jugendarbeit. Und sie eignen sich durchaus auch für
die gewerkschaftliche Bildung. Im Literaturverzeichnis am
Ende dieses Buches sind unter dem Stichwort »Gegenmaßnahmen« vier Titel aufgeführt, die Arbeitshilfen, Projekt-
vorschläge und Erfahrungen mitteilen und daher auch für
die gewerkschaftliche Arbeit nützlich sind.

Durch Maßnahmen, die sich auf die individualpsychologischen Ursachen des Rechtsextremismus beziehen, wird die
Auseinandersetzung mit dem organisierten Rechtsextremismus jedoch nicht überflüssig. Damit sind wir wieder bei der
Frage nach administrativen Sanktionen angelangt.

Der Sinn von Organisationsverboten liegt nicht nur darin,
daß Wirkungsmöglichkeiten von bereits organisierten Personen erschwert werden. Es geht vor allem auch darum, die
Organisationsschwelle für anfällige Personen möglichst
hoch anzusetzen. Da der Beitritt zu einer illegalen Organisation ein hohes Maß an Überzeugung und Risikobereitschaft
voraussetzt, werden vermutlich viele Personen, insbesondere Jugendliche mit pronazistischem Protestverhalten, durch
ein Verbot drastisch abgeschreckt. Daher scheinen mir Verbote von rechtsextremen Vereinen und Verbänden in besonderen Fällen durchaus angemessene Mittel im Kampf vor
allem gegen den Neofaschismus zu sein. Dies gilt auch für
die Ausschöpfung von juristischen und polizeilichen Möglichkeiten, die jedoch besonders strengen rechtsstaatlichen
Kriterien genügen müssen (was leider nicht immer der Fall
ist). Natürlich beseitigen derartige Maßnahmen die Ursachen des Rechtsextremismus nicht, aber sie erschweren den
Rechtsextremisten gegebenenfalls das Leben und schränken

im Erfolgsfalle ihre Bewegungsfreiheit und ihre Entfaltungsmöglichkeiten erheblich ein.

Besonders umstritten ist immer noch die Frage, ob die Republikaner von den Staatsschutzbehörden mit nachrichtendienstlichen Mitteln (Einschleusung von V-Leuten, Telefonüberwachung usw.) beobachtet werden sollen. Daß dies (bis auf NRW) nicht der Fall ist, hat offenbar vor allem politische Gründe. Von der Sache her ist es nicht einsichtig, daß zwar NPD und DVU beobachtet werden, die Republikaner jedoch nicht. Denn dadurch wird ihnen de facto bescheinigt, daß sie sich auf dem Boden der freiheitlichen demokratischen Grundordnung bewegen. Wenn es die Hauptaufgabe des Verfassungsschutzes ist, »als Frühwarnsystem für das Aufkommen extremistischer Bestrebungen zu dienen«, dann muß er auch die Republikaner in seine Tätigkeit einbeziehen. Das eigentliche Problem besteht meines Erachtens darin, daß er das seit 1987 hätte tun müssen. Wenn die Observation erst dann eingeleitet wird, wenn die Partei Wahlsiege und parlamentarische Mandate errungen hat, muß zwangsläufig der Eindruck entstehen, daß der Verfassungsschutz als politisches Mittel benutzt wird, um einen mißliebigen politischen Gegner mundtot zu machen. Und damit wäre dem Rechtsstaat und dem sowieso schon geschwächten Vertrauen in die Parteien ein weiterer Bärendienst erwiesen. Überdies dürfte es zu einem Solidarisierungseffekt kommen, der den Republikanern weiteren Auftrieb verschafft. Die Entscheidung zugunsten einer nachrichtendienstlichen Überwachung könnte daher gegenwärtig allenfalls mit neuen Erkenntnissen oder Entwicklungen gerechtfertigt werden.

In den Gewerkschaften findet seit einiger Zeit eine engagierte Diskussion über Unvereinbarkeitsbeschlüsse (UVB) mit den Republikanern statt. Ich habe an vielen Diskussionen als Beobachter oder Redner teilgenommen und häufig feststellen müssen, daß die UVB-Frage endlos und zu Lasten konkreter gewerkschaftlicher Gegenmaßnahmen behandelt wird. Natürlich müssen sich die Gewerkschaften unmißverständlich gegenüber dem organisierten Rechtsextremismus abgrenzen, zumal dann, wenn eindeutig gewerkschaftsfeindliche Ziele verfolgt werden. UV-Beschlüsse können da-

bei durchaus hilfreich sein. Allerdings darf sich die Auseinandersetzung mit den Republikanern nicht auf den kleinen
Personenkreis beschränken, der hier wie dort organisiert ist.
Die wirklich wichtigen Adressaten gewerkschaftlicher Politik sind im Bereich der REP-Wähler und -Sympathisanten
zu finden, die von einem UVB gar nicht unmittelbar betrof-
fen sind. Im Vordergrund muß also die inhaltliche und politische Auseinandersetzung mit den Republikanern stehen,
um die »Modernisierungsverlierer« oder »Wohlstands-
Chauvinisten« davon zu überzeugen, daß ihre Probleme
nicht von der Schönhuber-Partei, sondern allein auf dem
Wege einer solidarischen Interessenvertretung aller Arbeitnehmer gelöst werden können. Hier helfen UV-Beschlüsse
nicht weiter. In dem Positionspapier des DGB vom 5. September 1989 (siehe Anhang) heißt es daher richtig:

> *Es muß gelingen, diejenigen, die den zur Zeit einfachen
> Lösungsvorschlägen der Republikaner folgen, zu ihren
> jeweiligen thematischen Schwerpunkten anzusprechen
> und gewerkschaftliche Aufklärungsarbeit zu betreiben.*
>
> *Notwendig ist hierfür eine andere Politik, die die Ur-
> sachen der Wahlerfolge der Republikaner bekämpft. Da-
> zu gehören soziale Probleme, Massenarbeitslosigkeit,
> Wohnungsnot sowie der Glaubwürdigkeitsverlust der
> etablierten Politik.«*

Abschließend noch einige Sätze zum Verbot von rechtsextremen Parteien: Parteiverbote sind unter demokratietheo-
retischen Gesichtspunkten außerordentlich fragwürdig und
dürfen allenfalls als letzter Ausweg ins Auge gefaßt werden.
Sie stellen nämlich in einer parteienstaatlichen Demokratie
einen schwerwiegenden Eingriff in die durch das Prinzip der
Volkssouveränität geprägte politische Willensbildung dar.
Volkssouveränität bedeutet, daß alle Personen das Recht
haben, sich auf der Grundlage von spezifischen Interessen
oder Forderungen in Parteien zu organisieren, um staatliche
Politik zu beeinflussen oder zu gestalten. Wenn nun der
Staat dem Volk vorschreibt, welche Interessen oder Forde-
rungen sich artikulieren dürfen und welche nicht, wäre das
Prinzip der Volkssouveränität auf den Kopf gestellt und die
Demokratie in ihrem Wesenskern verletzt.

Nachwort zur zweiten Auflage

Die erste Auflage dieses Buches ist auf große Resonanz gestoßen und war schnell vergriffen. Verlag und Autor haben sich entschieden, den Text für die zweite Auflage nicht zu verändern, sondern mit einem ergänzenden Nachwort zu versehen. Denn die zwischenzeitliche Entwicklung der Republikaner bietet keinen Anlaß für inhaltliche Korrekturen. Jedoch sind einige Fakten nachzutragen und im Anhang weitere Beschlüsse der Gewerkschaften zu dokumentieren.

1. Die Talfahrt geht weiter

Nach dem »Wunder von Berlin« und dem endgültigen Durchbruch bei der Europawahl befinden sich die Republikaner bundesweit spätestens seit Herbst 1989 in der Wählergunst auf dem absteigenden Ast. EMNID ermittelte bei der »Sonntagsfrage« im November 1989 fünf Prozent, im Dezember vier, im Januar 1990 drei und im Februar und März des Jahres wiederum drei Prozent. Die Resultate der Mannheimer Forschungsgruppe Wahlen liegen sogar noch darunter.

Dieser Trend spiegelt sich auch in den Wahlergebnissen wider. Bei der Landtagswahl im Saarland (Januar 1990) erreichten die Republikaner 3,3 Prozent der Zweitstimmen und mußten damit gegenüber der Europawahl einen Verlust von 2,5 Prozentpunkten hinnehmen. Und selbst in ihrer bayerischen Hochburg brachten die Kommunalwahlen (März 1990) nicht die erwarteten Resultate. Im Vergleich

zur Europawahl büßte die Partei über die Hälfte ihrer
Wähler ein. Damals hatte sie beispielsweise in München
15 Prozent erhalten. Jetzt waren es bei der Stadtratswahl
gut 7 Prozent (6 Mandate), bei der Kreistagswahl knapp
fünf Prozent (3 Mandate) und bei der Wahl zum Oberbürgermeister (hier bewarb sich Ingrid Schönhuber, die Frau
des Bundesvorsitzenden) gerade 5 Prozent. Bei fünf Prozent dürfte auch das Durchschnittsergebnis für Bayern liegen (das endgültige Endergebnis liegt zur Stunde noch
nicht vor), das bei der Europawahl immerhin 14,6 Prozent
betrug.

Die Talfahrt ist zum einen durch den fortschreitenden inneren Zerfall der Partei (dazu später) und zum anderen
durch die »friedliche Revolution« in der DDR und die
nachfolgenden   atemberaubenden   deutsch-deutschen
Einheitsbestrebungen bedingt. Der 9. November 1989 und
seine Folgen nahmen der nationalistischen Agitation der
Republikaner den Wind aus den Segeln. Die Rechtsextremen waren plötzlich wie gelähmt, weil sie sich kaum noch
glaubhaft als nationale Alternative gegenüber den Bundestagsparteien darstellen konnten. Beschwörend grenzte sich
Schönhuber daher auf dem Rosenheimer Parteitag im Januar 1990 gegenüber den etablierten Parteien ab: Wir sind
das Original, die anderen die Kopie! Und er rechnete besonders scharf mit führenden Politikern der Bonner Szene
ab, weil diese angeblich das mörderische DDR-System sta-
bilisiert und aufgewertet hätten. Beim Politischen Ascher-
mittwoch seiner Partei in Cham (28. 2. 1990) erklärte sich
Schönhuber zum »Erneuerer Deutschlands«, verlangte den
umgehenden Abschluß eines Friedensvertrages, den sofor-
tigen Abzug aller fremden Truppen aus Deutschland und
wandte sich scharf gegen Verzichtserklärungen auf ehemals
deutsche Gebiete.
Wenn nicht alles täuscht, werden die Republikaner mit der
Forderung nach Wiederherstellung des Deutschen Reiches
in den Grenzen von 1938 den Versuch unternehmen, nationalistischen Chauvinismus zu schüren, um auf dieser Welle
verlorenes Wählerterrain zurückzugewinnen.

2. Die Republikaner in der DDR

Bereits vor der Öffnung der Grenzen haben die Republikaner angeblich den Versuch unternommen, in der DDR Fuß zu fassen. So soll am 13. August 1989 (28. Jahrestag des Mauerbaus) im Ost-Berliner Bezirk Prenzlauer Berg ein aus 23 Personen bestehender Kreisverband gegründet worden sein. Weitere Angaben wurden (angeblich aus Sicherheitsgründen) nicht gemacht, und auch später war von konkreten Aktivitäten nichts zu hören. Erst Ende September meldeten sich die DDR-Republikaner wieder, allerdings mit der Meldung, sie hätten sich aufgelöst, da weder der Bundesvorsitzende noch die West-Berliner Abgeordnetenhausfraktion Kontakt mit den DDR-Kameraden aufgenommen hätten.

Nach dem 9. November 1989 haben sich westdeutsche Rechtsextremisten unterschiedlichster organisatorischer Herkunft an Demonstrationen im anderen Teil Deutschlands beteiligt und dort Kontakte zu Gesinnungsfreunden gesucht. Vom breitflächigen Aufblühen des DDR-Rechtsextremismus wollten auch die Republikaner profitieren. Während Schönhuber die Einreise stets verweigert wurde, konnten seine Parteifreunde zunächst jedoch weitgehend ungehindert in der DDR auftreten und materielle und organisatorische Hilfestellung bei der Vorbereitung und dem Aufbau von Regionalorganisationen geben. Im Frühjahr 1990 bestanden bereits Orts- bzw. Kreisverbände in Parchim, Saalfeld, Leipzig und Karl-Marx-Stadt. Obwohl die Volkskammer ein Betätigungsverbot für die Republikaner ausgesprochen hat und das neue Parteien- bzw. Wahlrecht rechtsextreme Organisationen von der politischen Willensbildung ausschließt, dürfte das erst der Anfang und auch nur – wie vielfach von Kennern der Szene betont – die Spitze des Eisberges sein.

Der Parchimer REP-Chef, Hans-Rudolf Gutbrodt, repräsentierte auf dem Rosenheimer Bundesparteitag den DDR-Zweig der Partei. Er wurde von der »Bild«-Zeitung als Stasi-Agent und vorbestrafter »Triebtäter« entlarvt. Später bestätigte die DDR-Staatsanwaltschaft, daß Gutbrodt fünfmal wegen sexuellen Mißbrauchs von Kindern vorbestraft sei. Der Leipziger Kreisverband wurde Ende Januar 1990 im Scheinwerferlicht von internationalen Massenmedien aus der Taufe gehoben. Als Geburtshelfer betätigten sich der »DDR-Koordinator« der Republikaner, Reinhard Rade, und der stellvertretende bayerische Landesvorsitzende Franz Glasauer.

Mitte Februar gab Schönhuber die Gründung eines Landesverbandes Brandenburg bekannt, die in West-Berlin unter Beteiligung von 100 zumeist jungen DDR-Bürgern stattgefunden haben soll.

3. Der Zerfall der Organisation

In Niedersachsen schied der Landesvorsitzende Margraf Ende Dezember 1989 aus der Partei aus und gründete die »Alldeutsche Republikaner Partei«. Seither konkurrieren dort drei verschiedene REP-Parteien um die Wählergunst. In Nordrhein-Westfalen kamen die Machtkämpfe mit dem Landesparteitag im Januar 1990 vorerst zum Stillstand. Frau Scherer unterlag bei der Wahl des Vorsitzenden dem zwischenzeitlich wieder zur Partei gestoßenen REP-Gründungsmitglied Ekkehard Voigt, der versprach, die verschiedenen Parteiflügel zu versöhnen. Im November 1989 mußte in Berlin der bevorstehende Landesparteitag, auf dem ein neuer Landesvorsitzender gewählt werden sollte, kurzfristig wegen der erneut aufgebrochenen Machtkämpfe abgesagt werden. Dieses Schicksal traf auch den dann für Mitte Dezember geplanten Kongreß. Zwischenzeitlich hatte sich Peter Rieger, nach Göllner und Andres das dritte Mitglied des Abgeordnetenhauses, von der Partei getrennt, die nunmehr nur noch mit acht Abgeordneten im Berliner Landesparlament vertreten ist. Im Februar 1990 war es dann soweit: Pagel wurde auf einem Sonderparteitag mit 158 von 222 abgegebenen Stimmen zum neuen Landesvorsitzenden gewählt. 139 Delegierte waren nicht zum Parteitag erschienen. Damit war jedoch keineswegs Ruhe in den zerstrittenen Landesverband eingekehrt. Pagel ist nach wie vor umstritten, und seine innerparteilichen Gegner lassen keine Gelegenheit aus, ihn öffentlich anzugreifen.

REP-Abspaltungen bestehen derzeit also in Bremen, Berlin, Niedersachsen (dort sogar zwei) und im Saarland. Aktive innerparteiliche Oppositionsgruppen finden sich zudem in Schleswig-Holstein, Nordrhein-Westfalen und Rheinland-Pfalz.

Damit aber nicht genug: Mitte Februar 1990 kündigte der kaum ein Jahr alte RHV seine Auflösung an, weil es nicht gelungen sei, die Programmatik der Partei im Sinne eines modernen Konservatismus mitzugestalten. Mit »brutalsten Methoden« hätte sich die »extremistische Clique« um Neubauer und Glasauer innerhalb der Partei durchgesetzt. Und Schönhuber sei zu entscheidungsschwach, um den Einfluß dieser Gruppe zu beschneiden. Prompt forderte der RHV-Landesbeauftragte in Hessen, Alexander Ihls, die Absetzung des RHV-Bundesvorstandes, und Bundesgeschäftsführerin Centa Hirsch forderte Schrenck-Notzing zum Parteiaustritt auf.

Neubauer und Glasauer hatten sich unterdessen bemüht, mit der Zeitschrift »Credo« eine eigene Publikationsplattform zu schaffen. Im Dezember 1989 erschien die erste Ausgabe des Monatsmagazins, das mit dem zweiten Heft (1/ 1990) für Schlagzeilen sorgte: Der REP-Versand warb darin für Videofassungen der »Deutschen Wochenschau«, woraufhin die Münchner »Abendzeitung« mit der Überschrift aufmachte: »Die Schönhuber-Partei macht Geschäfte mit Hitler-Filmen«, und: »Die Reps verdienen an Hitlers Reden«. Das Magazin kam so über die ersten beiden Ausgaben nicht hinaus: Ende Februar 1990 beschloß der Bundesvorstand die sofortige Einstellung.

4. Der Parteitag von Rosenheim

Symptomatisch für den Mangel an innerparteilicher Demokratie waren die Vorgänge auf dem Rosenheimer Parteitag (13./14. 1. 1990), der das neue »Parteiprogramm 1990« zu verabschieden hatte. Im Laufe der Beratungen spielten sich nach Presseberichten chaotische und streckenweise tumult-artige Szenen ab. Debatten wurden abgewürgt, Wortmel-dungen mißachtet, Anträge unter den Teppich gekehrt oder schulmeisterlich abgekanzelt. Den Delegierten stand nur ein drastisch beschnittenes Rederecht zur Verfügung. Zu ein-zelnen Anträgen durfte nur noch der Antragsteller und ein Kritiker sprechen, sowie natürlich zu jeder Zeit der Bundes-vorsitzende, der sein Privileg ausgiebig nutzte, um die Ab-stimmung in seinem Sinne zu steuern. Einzelne Delegierte beklagten sich darüber, daß Anträge (für die nur sechs Tage Zeit gewesen war) nicht berücksichtigt worden waren. Die vorab schriftlich eingereichten Anträge lagen den Delegier-ten nicht vor. Zunächst hieß es, sie seien bereits in einen neuen (zweiten) Entwurf eingearbeitet, der dem Parteitag aber nicht vorlag. Später stellte sich heraus, daß die An-tragskommission die eingegangenen Anträge als durch den ursprünglichen (ersten) Entwurf bereits in vollem Umfang abgedeckt bewertet hatte und mithin gar kein neuer Ent-wurf existierte. Bald wurde das Programm nur noch block-weise abgestimmt und Redner mit der Frage eingeschüch-tert: »Haben Sie neue Gedankengänge? Nein? Dann also auch keine Wortmeldung?« Die Delegierten nahmen ihre Entmündigung fast widerstandslos hin und segneten das neue Programm ab. Der erst Ende März 1990 vorgelegte Text weicht zudem an vielen Stellen vom Beschlußtext ab. Die Parteiführung hat offenbar nachträglich noch Korrek-turen vorgenommen, wodurch sich die Veröffentlichung des Programms verzögerte.

Eine erste Durchsicht des neuen Programms ergibt, daß die im zweiten Kapitel dieses Buches als grundgesetzwidrig dar-gestellten Passagen durchweg getilgt worden sind. Deut-licher konnte das Eingeständnis gar nicht ausfallen, daß die Partei zuvor Ziele verfolgte, die sich gegen die freiheitliche demokratische Grundordnung richten. Blamiert sind damit auch jene Stimmen, die die Republikaner so fleißig vor dem Vorwurf des Rechtsextremismus in Schutz genommen ha-ben.

Der Vorwurf als solcher bleibt allerdings bestehen. Denn das Programm von 1987 wurde – offenbar mit Blick auf die

138

Wahlen des Jahres 1990 und in Erwartung möglicher Koalitionschancen – einer in aller Regel nur sprachlichen Korrektur unterzogen. Nimmt man jedoch alles zusammen, die programmatischen Dokumente, die Parteipresse und die übrigen Veröffentlichungen, die Reden ihrer Funktionäre und das Verhalten ihrer Anhänger, dann bleiben die Republikaner trotz aller kosmetischen Veränderungen, was sie seit 1985 sind, eine rechtsextreme Partei. Sie verharmlosen die Verbrechen des Nationalsozialismus und den Holocaust, relativieren die Alleinschuld Deutschlands am Zweiten Weltkrieg, schüren Judenfeindschaft, Ausländerfeindlichkeit und Fremdenhaß. Sie verfolgen großdeutsche Ziele, machen die Demokratie verächtlich, treten für einen autoritären Staat ein, wollen den Einfluß von Parteien und Verbänden einschränken, die Gewerkschaften schwächen und die Pressefreiheit beschneiden.

Daß die Republikaner eine rechtsextreme Partei sind, wird auch durch die Tatsache unterstrichen, daß sie mittlerweile in Schleswig-Holstein, Hamburg, Nordrhein-Westfalen und im Saarland von den Verfassungsschutzbehörden beobachtet werden.

5. Perspektiven

Die Zukunftsaussichten der Republikaner sind noch nicht klar abschätzbar. Zunächst werden sich der deutsch-deutsche Einigungsprozeß und die damit verbundene Vereinigungseuphorie zum Nachteil der Partei auswirken, zumal die nationale Frage auch jene sozialen Themen in den Schatten stellt, die den Aufschwung der Republikaner bislang begünstigt hatten. Längerfristig gesehen bergen die absehbaren Begleiterscheinungen der Fusion beider deutscher Staaten jedoch Probleme, die (auch und gerade in der DDR) neuen Nährboden für rechtsextreme Parteien bilden könnten.

Ansatzpunkte für eine nationalistische und völkische Opposition bieten zum einen die wirtschaftlichen und sozialen Folgen der Vereinigung für spezifische Bevölkerungsgruppen und Regionen. Arbeitslosigkeit und Armut werden (wenigstens vorübergehend) zunehmen, und der Modernisierungsprozeß auf dem Gebiet der DDR wird in bislang unbekanntem Ausmaß Modernisierungsverlierer hervorbringen.

Zum anderen ist die nationale Frage mit der Vereinigung von BRD und DDR nicht zwangsläufig vom Tisch. Vielmehr deutet sich schon heute in der Presse der Republikaner und in Stellungnahmen von Vertriebenenpolitikern an, daß die mit der Vereinigung verknüpfte Anerkennung der Oder-Neiße-Grenze am rechten Rand des politischen Spektrums nicht auf Zustimmung stößt. Die Zukunft der ehemaligen deutschen Ostgebiete, die Gültigkeit des Münchner Abkommens von 1938, möglicherweise sogar das Anschlußverbot im Österreichischen Staatsvertrag von 1955 werden, wenn nicht alles täuscht, über kurz oder lang auf die politische Tagesordnung des neuen deutschen Staates kommen und dem Rechtsextremismus neuen Auftrieb verschaffen. Ob die Republikaner oder eine andere (bestehende oder neue) rechtsextreme Partei von den hier prognostizierten Entwicklungen profitieren werden, bleibt abzuwarten.

Berlin, Anfang April 1990 Richard Stöss

Anhang

Dokumente

Literaturverzeichnis

Partner in Europa

Aufruf des Aktionskreises ›Pro Demokratie‹

Wir Deutschen wollen verläßliche Partner in Europa sein. Wir bekennen uns zur Europäischen Gemeinschaft und zu einer gesamteuropäischen Sicherheitsordnung. Wir erkennen die polnische Westgrenze als Folge des von der NS-Diktatur begonnenen Krieges an. Nur so können wir die Chance nutzen, die Teilung Deutschlands zu überwinden. Nur so kann sich die Hoffnung der Menschen auf eine Epoche des Friedens, der Demokratie sowie des wirtschaftlichen Aufbaus und des sozialen Fortschritts in einem zusammenwachsenden Europa erfüllen.

Wer dagegen Ausländer- und Fremdenfeindlichkeit propagiert, wer die Verbrechen des Nationalsozialismus verharmlost, wer bestehende Grenzen antasten will, schürt Unfrieden und gefährdet die Zukunft Europas.

Demokraten haben die Pflicht, die Grundrechte unserer Verfassung gegen Angriffe zu verteidigen:

● Die Würde des Menschen verbietet es, Vorurteile und Haß gegen Ausländer und andere Minderheiten zu schüren.

● Das Sozialstaatsgebot verlangt soziale Gerechtigkeit und die solidarische Förderung der sozial Schwachen und Benachteiligten.

● Das Asylrecht muß gewahrt und menschenwürdig praktiziert werden.

● Tarifautonomie und Koalitionsfreiheit zur Wahrung und Förderung der Arbeits- und Wirtschaftsbedingungen müssen gesichert bleiben.

Wir appellieren an alle verantwortungsbewußten Bürgerinnen und Bürger, sich entschieden allen neofaschistischen, nationalistischen und autoritären Ideologien entgegenzustellen. Wir rufen zum Dialog mit Menschen auf, die aus dem Gefühl sozialer Benachteiligung heraus rechtsextreme Parteien unterstützen.

Unsere Geschichte zeigt: Jede Stimme für rechtsextreme und verfassungsfeindliche Parteien gefährdet den inneren Frieden und schadet unserem Ansehen in der Welt.

Ernst Breit   Düsseldorf, März 1990

Positionen des DGB
zu den Republikanern

1. Ziele der Republikaner

Die Republikaner sind keine programmatisch gefestigte Partei. Ihre Forderungen bestehen vielfach aus politischen Gemeinplätzen, politischen Maximalforderungen und simplen Rezepten. Die programmatischen Aussagen sind politisch nicht aufeinander abgestimmt und fügen sich nicht zu einer Gesamtkonzeption zusammen.

Dies hat zweierlei zur Folge: Die Plakatierung eingängiger, populistischer Parolen machte die Republikaner als Protestbewegung für weite Bevölkerungskreise wählbar. Auf der anderen Seite machte die fehlende Festlegung auf ein wirklich klares und eindeutig zuzuordnendes ideologisches oder politisches Konzept eine inhaltliche Auseinandersetzung mit den Republikanern nicht leicht.

Dennoch läßt sich anhand der bisherigen programmatischen Aussagen und Forderungen der Republikaner dieser Partei als antidemokratisch, rechtsextremistisch und nationalistisch einordnen. Dies wird insbesondere an folgenden Punkten deutlich:

Die Republikaner verharmlosen nationalsozialistische Verbrechen.

Charakteristisch für die deutsch-nationale, rechtsextremistische Grundhaltung der Republikaner ist deren Verhältnis zur deutschen Geschichte. In ihrem Programm von 1987 heißt es:

»Auch die von der Union geführte Regierung fixiert die

deutsche Vergangenheit weiterhin auf zwölf Jahre national-sozialistischer Herrschaft. Sie tut nichts, um mit der Entkri-minalisierung deutscher Kultur, Geschichte und ihre Men-schen zu beginnen. Die Kriegspropaganda der Siegermäch-te ist in unsere Geschichtsbücher eingegangen, und ihre Übertreibung und Fälschungen müssen von der Jugend weitgehend geglaubt werden, da eine objektive Geschichts-schreibung immer noch nicht in vollem Umfang ermöglicht wird.«

Die Republikaner schüren Ausländerfeindlichkeit und Fremdenhaß.

Ein zentraler Ansatzpunkt der politischen Agitation sind bei den Republikanern die Themen Ausländer und Asylsu-chende. Ausländer- und Fremdenfeindlichkeit wird ge-schürt, Ausländer und Asylsuchende zu Sündenböcken für die Wirtschaftskrise abgestempelt.

Im Programm der Republikaner heißt es: »Die Bundesrepu-blik Deutschland . . . muß das Land der Deutschen bleiben. Ausländer sind Gäste. Dieses schließt, wie in der Schweiz, unbefristete Arbeitsverträge und Konzessionsvergaben, Daueraufenthalt, Familienzusammenführung und Sozial-leistungsansprüche aus . . . Ausländer, welche gegen die Ge-setze verstoßen, werden nach zeitlich befristetem Verfahren ohne Verzug ausgewiesen . . . Asylbewerber können Asyl erhalten, wenn sie politisch Verfolgte sind. Die Grenzen der Aufnahmefähigkeit müssen festgelegt und eingehalten wer-den.«

Die Republikaner wollen die Pressefreiheit einschränken.

Im medienpolitischen Teil ihres Programmes werden die Republikaner deutlich. Sie wollen die Presse- und Mei-nungsfreiheit weitgehend einschränken:

»Falls die Selbstkontrolle der Medien mit ihrer in der Öf-fentlichkeit und Politik inzwischen gewonnenen unbegrenz-ten Machtstellung weiterhin versagt, werden wir für die Schaffung partei- und gruppenunabhängiger Kontrollorga-ne zum Schutz des von Einschüchterung und Verschmutzung der geistigen Umwelt bedrohten Freiheitsraumes des Bürgers sorgen.«

Die Republikaner wollen die Gewerkschaftsarbeit beschränken und die Tarifautonomie zerschlagen.

Nach dem Programm der Republikaner sollen die Gewerkschaften »in parteipolitischer Neutralität ihre Tätigkeit auf das Wohl der Arbeitenden und das Gedeihen ihre Arbeitsstätten beschränken«.

In einem zentralen Flugblatt (»Die preistreibende Tarifpolitik führt die deutsche Volkswirtschaft in eine Sackgasse . . .«) werden sie deutlicher: »Die Republikaner werden das Machtkartell der ›Tarifautonomie‹ von Gewerkschaften, Arbeitgeberverbänden, Arbeitsjustiz und Parteien durch eine allen Arbeitenden verantwortliche ›konzertierte Aktion‹ unter Einbindung der sich vor der Verantwortung drückenden Regierung brechen.«

2. Die Partei

Die Partei wurde 1983 gegründet u. a. von einem ehemaligen CSU-Bundestagsabgeordneten, der den Republikanern – nach parteiinternen Querelen – heute aber nicht mehr angehört. Am 26. Januar 1983 wurde das erste »Grundsatzprogramm« verabschiedet. Es ist wesentlich länger und unpopulärer formuliert als das zur Zeit aktuelle Programm von 1987.

Damit wird auch der Wandel gekennzeichnet, den die Partei in wenigen Jahren vollzogen hat. Dieser Wandel ist in engem Zusammenhang mit dem jetzigen Vorsitzenden, Franz Schönhuber, zu sehen, der sich bemüht, seiner Partei durch sein Auftreten den Geruch des Verbotenen und Unseriösen zu nehmen.

Schönhuber ist es zudem gelungen, aus einer kurvenreichen politischen Biographie den scheinbar positiv klingenden Schluß zu vermitteln: »Ich bin ein geläuterter Patriot«. Ihm ist auch nicht das Etikett anzuhängen, daß er ausschließlich in den Fußstapfen der Ewiggestrigen nach Nationalsozialisten oder Neonazis als Mitglieder- und Wählerpotential Ausschau hält. Vielmehr hat er die Brücke zur konservativen Wählerschaft geschlagen.

Deshalb ist es für die Republikaner notwendig, sich von anderen rechtsextremistischen Parteien und Gruppierungen zu distanzieren. Die Republikaner wollen als seriöse rechte Alternative zum bisherigen Parteienspektrum Anerkennung finden. Ein Versuch, der bisher weitgehend gelungen ist. Die übrigen Funktionäre verblassen gegen den Vorsitzenden fast völlig und treten vergleichsweise selten in der Öffentlichkeit auf. Sie kommen vornehmlich aus dem Lager von NPD, anderen rechten Gruppierungen oder der CDU und CSU. Oft haben sie schon mehrfach die Partei gewechselt, wie z. B. der Berliner Landesvorsitzende Andres, der Mitglied von FDP und vorher von CDU war.

Die Mitgliederzahl der Republikaner ist nicht mit Sicherheit anzugeben. Nach Aussagen des Vorsitzenden soll die Partei zur Zeit ca. 13 000 Mitglieder haben. Ebenfalls sind die Aussagen nicht verifizierbar, daß ein Großteil der Mitglieder Polizisten oder Beschäftigte des übrigen öffentlichen Dienstes sind. Zur Zeit besteht nach eigenen Aussagen noch kein flächendeckend organisierter Parteiapparat. Franz Schönhuber hat bereits vor den Europawahlen angekündigt, daß mit den zu erwartenden Wahlkampfkosten-Erstattungsgeldern daran gegangen werden kann, eine schlagkräftige Parteiorganisation aufzubauen.

Die Finanzierung der Partei ist bis auf weiteres absehbar als sicher anzusehen. Bei der Europawahl gab es bei dem Stimmenanteil von über 7 Prozent eine Wahlkampfkosten-Erstattung von 16,1 Millionen DM. Bei ähnlichen Wahlergebnissen in nächster Zeit könnten die Republikaner bis Ende 1990 mit weiteren 40 bis 60 Millionen DM rechnen. Damit steht ihnen erheblich mehr Geld für Propaganda zur Verfügung.

3. Die Wähler

Gerade nach den Ergebnissen der Europawahl scheint Vorsicht mit einer vorschnellen Charakterisierung der Wähler angebracht. Zu groß sind die Unterschiede zwischen Kommunal-, Landtags- oder Europawahlen.

Die Ergebnisse der Europawahl haben andererseits aber die Befürchtung bestätigt, daß es sich bei den vorausgegangenen Wahlerfolgen der Republikaner nicht um rein landes- oder ortsspezifische Ergebnisse handelt, sondern daß ein grundsätzlich vorhandenes Wählerpotential für Republikaner (aber auch für die Deutsche Volksunion und die NPD) besteht. Zur Zeit lassen die vorliegenden Wahlanalysen nicht zu, von einem klar definierbaren Wählerpotential der Republikaner zu sprechen. Sie lassen vielmehr den Schluß zu, daß Wähler der Republikaner aus unterschiedlichen Bereichen kommen:

– Ein Protestpotential von Wählern der heutigen Bundestagsparteien. Analysen der Wählerströmungen zeigen, daß aus allen politischen Lagern, vornehmlich jedoch aus dem Lager der Unionsparteien, Wähler zu den Republikanern übergewechselt sind.

– Ein Großteil des Wählerpotentials kommt aus sozial benachteiligten Schichten und Schichten mit mittlerem bis unterem Bildungsniveau.

– Nach den Ergebnissen der Europawahl in den einzelnen Bundesländern ist davon auszugehen, daß zum bis dahin vermuteten Wählerpotential zusätzliche Gruppierungen hinzustoßen. Dies könnte aus dem Bauernbereich sein, dessen Unzufriedenheit über die deutsche Agrarpolitik auf EG-Ebene bekannt ist.

– Überdies muß nach wie vor von einem nennenswerten Prozentsatz der »Ewigunbelehrbaren« ausgegangen werden. Bei diesem Teil der Wähler ist zu vermuten, daß die programmatischen Aussagen der Republikaner am bewußtesten und in ihrer Gänze befürwortet werden.

– In der Wählerschaft der Republikaner sind die Jung- und Erstwähler überdurchschnittlich vertreten. Es gibt jedoch wesentlich weniger junge Frauen als junge Männer, die den Republikanern ihre Stimme geben.

Die offenbar unterschiedliche Zusammensetzung der Wählerschaft ist durchaus im Zusammenhang mit dem jetzigen Parteiprogramm und den populistisch gehaltenen Reden der Parteiführer zusehen.

4. Schlußfolgerungen

Die Heterogenität der Wählerschaft ist Ausdruck dafür, daß die Republikaner in der Gesamtbevölkerung bereits sehr stark akzeptiert sind. Die Wählerschaft ist kein monolithischer Block, der leichter in der politischen Diskussion abzuschotten wäre. Die Heterogenität bestimmt auch die kurz- bis mittelfristigen Perspektiven für die politische Arbeit gegen die Republikaner. Es muß gelingen, diejenigen, die den zur Zeit einfachen Lösungsvorschlägen der Republikaner folgen, zu ihren jeweiligen thematischen Schwerpunkten anzusprechen und gewerkschaftliche Aufklärungsarbeit zu betreiben.

Notwendig ist hierfür eine andere Politik, die die Ursachen der Wahlerfolge der Republikaner bekämpft. Dazu gehören soziale Probleme, Massenarbeitslosigkeit, Wohnungsnot sowie der Glaubwürdigkeitsverlust der etablierten Politik. Es ist davon auszugehen, daß die inhaltliche Auseinandersetzung mit Republikanern und anderen rechtsextremen Parteien über einen längeren Zeitraum geführt werden muß.

5. Aufgaben für die Gewerkschaften

Zunächst muß darauf hingewiesen werden, daß der DGB 1969 einen Unvereinbarkeitsbeschluß gegen die NPD und 1987 Unvereinbarkeitsbeschlüsse gegen die DVU und die FAP gefaßt hat.

Aus der personellen und inhaltlichen Nähe bzw. Überschneidung der Republikaner und ihres Programms mit anderen rechtsextremistischen Gruppierungen und Parteien resultiert die Tatsache, daß in der Mitgliedschaft über einen Unvereinbarkeitsbeschluß gegen die Republikaner diskutiert wird.

Ein solcher Beschluß darf jedoch nicht am Beginn einer intensiven Auseinandersetzung mit den Republikanern und ihren politischen Vorstellungen stehen, sondern muß – wenn er gefaßt wird – das Ergebnis einer intensiven inhaltlichen Auseinandersetzung sein. Überdies wäre ein zum jetzigen Zeitpunkt gefaßter Unvereinbarkeitsbeschluß möglicherweise ein falsches Signal in der Mitgliedschaft, die damit die Auseinandersetzung mit den Republikanern als beendet ansehen könnte.

Für die Gewerkschaften ist die Auseinandersetzung mit den Republikanern kein Kampf um Wählerpotentiale, dies ist Aufgabe der Parteien. Aber als gesellschaftlich gestaltende Kraft haben die Gewerkschaften die Aufgabe, die inhaltliche Auseinandersetzung mit den Vorstellungen der Republikaner zu führen.

Deshalb werden der DGB und seine Mitgliedsgewerkschaften ein Aktionsbündnis gegen die Partei »Die Republikaner« organisieren. Die Ablehnung der politischen Vorstellungen der Republikaner muß jedoch aus einem positiven Politikansatz insbesondere in den Folgen der Sozial- und Ausländerpolitik herrühren.

Franz Steinkühler
Vorsitzender der IG Metall

»Die Republikaner« – Rechtsradikale für eine andere Republik

Wer die Gesellschaft in Solidarität und Freiheit gestalten will, der muß den Wandel gestalten. Angesichts der dramatischen Umbrüche in Wirtschaft und Gesellschaft, in Technik und Arbeitsorganisation, im Arbeitsalltag wie in der Lebenswirklichkeit der Arbeitnehmer sind solidarische Lösungen der Zukunftsgestaltung gefordert.

Viele Menschen sind von der Geschwindigkeit wie von der Radikalität der Umbrüche verunsichert. Sie wollen Sicherheit im Wandel, sie wollen das, was sie sich an Wohlstand und sozialer Sicherung erarbeitet haben, auch zukünftig gewährleistet sehen.

Der Modernisierungsdruck in der Bundesrepublik produziert nicht nur Unruhe und Ungeduld, er produziert auch Ungerechtigkeit. Der Wandel in Wirtschaft und Gesellschaft muß für alle Beteiligten mit Fortschritt verbunden sein, einem Fortschritt, der die Interessen der vielen einzelnen, der Gesellschaft wie unserer Umwelt aufnimmt.

Damit stehen die sozialreformerischen Kräfte in der Bundesrepublik Deutschland vor großen gesellschaftspolitischen Herausforderungen.

Eine besondere Herausforderung für die politische und gesellschaftliche Auseinandersetzung stellt das Aufkommen der neuen rechtsradikalen Partei »Die Republikaner« dar. Die »Reps« mobilisieren gesellschaftliche Urängste vor dem Wandel, vor dem Teilen, vor der Modernisierung. Sie propagieren einfache, rückwärts gewandte Lösungen und sind mit dem Finden von Sündenböcken schnell zur Stelle.

Es wäre sicher falsch, diejenigen, die aus Unsicherheit, aus

Angst und Protest, vielleicht sogar aus sozialer Not, »Republikaner« gewählt haben, pauschal und undifferenziert in die faschistische Ecke zu stellen.

Viele der »Republikaner«-Wähler sind Menschen, die politische Zusammenhänge nicht durchschauen und auf entsprechende Propaganda hereinfallen. Es ist ein Irrtum, zu glauben, diese Menschen hätten ein geschlossenes, ideologisch widerspruchsfreies Weltbild. Sie haben vielmehr bei den letzten Wahlen ihre Stimme den »Republikanern« gegeben als Ausdruck ihres Protestes gegen gesellschaftliche Mißstände und Notlagen in der Bundesrepublik.

Anhaltende Massenarbeitslosigkeit und zunehmender Sozialabbau, Steuerungerechtigkeit, die Zerstörung der natürlichen Umwelt und der Verfall der politischen Moral, Beschäftigungsnot in den Krisenregionen, Wohnungsnot in den Ballungszentren und ein daraus resultierendes Gefühl der Verunsicherung und Existenzangst sind die Grundlagen für ein diffuses Protestpotential gegen die herrschende Politik. Eine Tatsache ist aber auch, daß viele Anhänger der »Republikaner« rückwärts gerichtete, ja zum Teil reaktionäre Vorstellungen haben. Sie ziehen die falschen Schlußfolgerungen. Sie rufen nach einfachen Lösungen und nach dem starken Staat. Sie fragen nicht nach den wirklichen Ursachen von Massenarbeitslosigkeit und sozialer Not, sondern lassen ihren Vorurteilen gegenüber Minderheiten freien Lauf.

Politische Perspektivlosigkeit und persönliche Hoffnungslosigkeit führen nun einmal sehr leicht zur Schuldzuweisung an den Schwächeren und zur Ausgrenzung des Andersdenkenden.

Daneben gab und gibt es immer wieder Versuche, gesellschaftliche Konflikte zu verdrängen durch die Mobilisierung rassistischer Ressentiments und den Appell an in der Bevölkerung vorhandenen autoritäre Instinkte. Hier mahnt ein Blick in die Vergangenheit: Nicht zuletzt der politische Mißbrauch von Gefühlen und Stimmungslagen angesichts akuter Notlagen und Mißstände war es, der in der Weimarer Republik den Boden bereitet hat für die Vernichtung der

Juden und die Verfolgung von Gewerkschaftern, Sozialdemokraten und Kommunisten während des NS-Regimes.

In der Bundesrepublik Deutschland, der zweiten Demokratie auf deutschem Boden, darf sich dies um keinen Preis wiederholen. Darum müssen Ausländerfeindlichkeit und Fremdenhaß von allen demokratischen Parteien und von allen Bürgern rechtzeitig und umfassend bekämpft werden. Die »Republikaner« bekämpft man aber nicht mit der Spekulation auf ausländerfeindliche Gefühle oder durch platte Sprüche über die Wiedervereinigung. Es ist ein Irrglaube, die »Reps« mit politischen Parolen von rechts überholen und gleichzeitig ausschalten zu können. Eine solche Politik gibt dem Rechtsradikalismus eine verstärkte Operationsbasis in der Gesellschaft und verschärft die Bedingungen, die diese »politische Taktik« zu bekämpfen vorgibt.

Man muß sich vielmehr mit den Parolen und besonders mit der Führung der »Republikaner« in aller Schärfe auseinandersetzen und gleichzeitig mit einer anderen Politik die Ursachen ihrer Wahlerfolge zu beseitigen suchen. Dazu gehören Maßnahmen zur Bewältigung sozialer Probleme, zur Bekämpfung von Massenarbeitslosigkeit, Wohnungsnot sowie zur Wiedererlangung der Glaubwürdigkeit der etablierten Politik. Die Probleme dieser Welt sind kompliziert, und es ist Aufgabe der Politiker und auch der Gewerkschaften, deutlich zu machen, daß man diese Probleme anpacken will, und daß es dazu Wege gibt, seien sie auch noch so steinig. Reden ist wichtig zur Vermittlung von Lösungsansätzen, aber reden, ohne zu handeln, ist der Humus, auf dem »Republikaner« und andere rechtsradikale Gruppierungen gedeihen.

Wir müssen die sozialen Ursachen bekämpfen und zugleich die ideologischen Wurzeln des Rechtsradikalismus der »Reps« aufdecken. Dem Wiedererstarken extremistischer Strömungen kann man nicht begegnen durch eine Relativierung der Verantwortung für die jüngere Geschichte; dies gelingt nur durch die schonungslose Aufarbeitung dieser deutschen Geschichte und die Stärkung des demokratischen Bewußtseins.

Auch der Ausbreitung rechtspublizistischer Tendenzen kann man nicht allein durch gemilderte Varianten der Ausländerfeindlichkeit und gleichgültige Ignoranz entgegentreten, sondern nur durch das Engagement für die reale Integration der Ausländer im Alltag und für ihre demokratische Anerkennung als Mitbürger.

Das Problem der Verunsicherung und Desorientierung in wachsenden Teilen der Bevölkerung, sowohl unter Rentnern wie bei Jugendlichen, läßt sich ebenfalls nicht bewältigen mit schlichten Parolen, wie etwa dem Verweis auf die Selbstheilungskräfte des Marktes und auf die Wolfsgesetze der privaten Konkurrenz. Hier bedarf es vielmehr einer aktiven Beschäftigungspolitik, einer solidarischen Gesellschaftspolitik und einer wirklich sozialen Zukunftspolitik.

Die klare Abgrenzung von den Zielen der »Republikaner«, die von Ausländerfeindlichkeit und Fremdenhaß und dem Ruf nach einem autoritär geprägten Staat gekennzeichnet sind, ist für die IG Metall unabdingbar.

Hierfür ist der Unvereinbarkeitsbeschluß des 16. ordentlichen Gewerkschaftstages ein politisches Signal – nicht für administratives Ersatzhandeln, sondern für die Ernsthaftigkeit, die Verbindlichkeit der politischen Auseinandersetzung, des Dialogs mit den Rep-Wählern und den Sympathisanten.

Ein Unvereinbarkeitsbeschluß erspart uns nicht die politische Auseinandersetzung mit den »Republikanern«, sondern erfordert sie geradezu. Alle Mitglieder und Funktionäre der IG Metall sind aufgerufen, diese Auseinandersetzung offensiv zu führen und für das Ziel einer freiheitlichen, demokratischen und humanen Gesellschaft aktiv einzutreten.

Entschließung 22:
Politischer Extremismus

Die IG Metall hat nie einen Zweifel daran gelassen, daß sie
Extremismus, Terror und Gewalt, aus welcher politischen
Richtung sie auch immer kommen mögen, entschieden ablehnt. 1989 fünfzig Jahre nach Beginn des Zweiten Welt-
krieges durch den deutschen Überfall auf Polen, ist es erneut erforderlich, die Stimme zu erheben gegen antidemokratische, nationalistische Töne, wie sie immer häufiger zu
hören sind, gegen Ausländerhaß und Antisemitismus.

Noch immer herrschen in der industriell hochentwickelten
und wohlhabenden Bundesrepublik Massenarbeitslosigkeit
und Sozialabbau, gibt es Wohnungsnot und Verarmung
ganzer Bevölkerungsgruppen, leben viele ältere Menschen
isoliert für sich allein, sehen zahlreiche Jugendliche skeptisch, ja pessimistisch in die Zukunft. Politische Perspektivlosigkeit und individuelle Zukunftsängste angesichts unbe-
wältigter gesellschaftlicher Probleme sind der Boden, auf
dem ausländerfeindliche und antidemokratische Gesinnung
gedeiht. Rechtsradikale Parteien profitieren von dieser
Grundstimmung und dem unzureichenden Umgang der Politik mit den zugrundeliegenden Problemen.

Vor allem die Republikaner konnten sich als Partei auch
bundesweit – bei deutlichen regionalen Schwerpunkten –
etablieren. Gerade dieser Partei, die sich in ihrem Programm selbst als »neue unabhängige konservativ-liberale
Volkspartei« bezeichnet und angeblich einen »geläuterten
Patriotismus« vertritt, ist weder mit Abgrenzung und Prote-
sten allein, noch mit Verboten beizukommen. Vielmehr
muß alles getan werden, um durch glaubwürdige Politik
und politische Überzeugungsarbeit diesen Kräften den Bo-

den zu entziehen. Dies erfordert vor allem Aufklärung über die trotz aller Bemäntelungsversuche zutiefst undemokratische und antigewerkschaftliche Gesinnung unter den führenden Kräften der »Republikaner«, die besonders deutlich wird in ihrer Haltung gegenüber den Ausländern, zu den Aufgaben der Medien und zu Rechten und Einflußmöglichkeiten der Gewerkschaften in der Gesellschaft. Gesinnung und Haltung der »Republikaner« lassen sich mit den gewerkschaftlichen Grundvorstellungen in keinem Punkt in Übereinstimmung bringen.

Die Delegierten des 16. ordentlichen Gewerkschaftstages erklären die Partei »Die Republikaner« zur gegnerischen Organisation und stellen die Unvereinbarkeit der Mitgliedschaft in der IG Metall mit der Zugehörigkeit zur Partei »Die Republikaner« fest.

Mißstände einer kapitalistisch organisierten Wirtschaft und Fehlleistungen konservativer Politik haben zur Zerstörung der ersten deutschen Republik geführt. Die IG Metall wird im Bündnis mit allen demokratischen Organisationen alles tun, um den Bestand der zweiten Republik auf deutschem Boden zu sichern und deren Weiterentwicklung zu fördern. Diskriminierung gesellschaftlicher Minderheiten und Diffamierung politisch oder religiös Andersdenkender, Ausländerfeindlichkeit und Fremdenhaß dürfen nicht das gesellschaftliche, politische Leben und Handeln bestimmen. Deshalb wendet sich die IG Metall gegen alle Bestrebungen, aus tagespolitischem Opportunismus die unter uns lebenden Ausländer – seien es Arbeitnehmer, Asylbewerber oder Aussiedler – zu Sündenböcken für soziale Mißstände in der Bundesrepublik zu machen.

Angesichts dieser Situation erhebt der 16. ordentliche Gewerkschaftstag folgende Forderungen:

– Sicherung und Ausbau der demokratischen und sozialen Grundrechte in der Bundesrepublik sind eine vorrangige Aufgabe der Politik; allen Versuchen, diese Grundrechte einzuschränken, muß entgegengetreten werden. Auch Maßnahmen gegen Extremismus und terroristische Gewalt dürfen die demokratische Qualität unserer Gesellschaft nicht gefährden.

– Das Grundrecht auf politisches Asyl muß uneingeschränkt weitergelten und geschützt werden. Die in der Bundesrepublik lebenden Ausländerinnen und Ausländer haben ein Anrecht auf gesellschaftliche Gleichberechtigung.

– Die Bestrebungen, das Unrecht des NS-Staates zu verharmlosen, ja zu glorifizieren, und das Gerede von der Notwendigkeit, »aus dem Schatten der Geschichte herauszutreten«, treffen auf den Widerstand der IG Metall. Verstärkt werden muß vielmehr die breite Aufklärung über Ursachen und Wesen des Nationalsozialismus, die bis jetzt nur bruchstückhaft und vereinzelt erfolgte.

– Aufklärung über Vergangenes genügt aber nicht. Deshalb fordert die IG Metall die Verantwortlichen in Staat und Gesellschaft auf, endlich mehr zu tun zur Überwindung von Arbeitslosigkeit, zur Beseitigung von Wohnungsnot und Beschäftigungsmangel, für Chancengleichheit und Schutz von Minderheiten, statt mit Sozialabbau und Steuergeschenken die Ungleichheit noch weiter zu verschärfen.

– Die IG Metall verlangt vom Gesetzgeber Maßnahmen zur Auflösung der SS-Traditionsverbände und zum Verbot von NSDAP-Nachfolgeorganisationen – wie der »Freiheitlichen Deutschen Arbeiterpartei« (FAP) – nach Artikel 139 des Grundgesetzes.

– Die IG Metall fordert das Verbot militanter und zur Gewaltanwendung gegen Andersdenkende neigender in- und ausländischer Gruppen.

– Die IG Metall wendet sich gegen Herstellung und Verbreitung neofaschistischer bzw. rechtsradikaler Schriften, Filme und sonstiger Propagandamaterialien.

Der 16. ordentliche Gewerkschaftstag fordert den Vorstand auf, im Sinne dieser Vorstellungen tätig zu werden und entsprechende Forderungen an den Gesetzgeber zu richten.

Er fordert alle Gliederungen der IG Metall auf, in den Betrieben der Metallwirtschaft und in der Organisation selbst Aufklärung über die Hintergründe des politischen Extremismus zu schaffen, den Informationsaustausch zu verbessern und den betrieblichen bzw. örtlichen Funktionärinnen und Funktionären zweckentsprechende Informations- und Arbeitsmaterialien an die Hand zu geben. Darüber hinaus müssen die hiermit in Zusammenhang stehenden Themen verstärkt in die gewerkschaftliche Bildungsarbeit einbezogen werden.

MONIKA WULF-MATHIES
VORSITZENDE DER GEWERKSCHAFT ÖFFENTLICHE DIENSTE,
TRANSPORT UND VERKEHR

Rechtsextremismus politisch bekämpfen

Der Rechtsextremismus hat wieder Zulauf. Die Wahlerfolge der Republikaner bei der Europawahl und den letzten Kommunalwahlen sind ein alarmierendes Zeichen, und erst recht müssen uns die Stimmergebnisse für die NPD in Hessen bedenklich stimmen.

Hatten wir nach dem Verschwinden der NPD aus den Landtagen glauben können, mit dem Abtreten der Generation der Altnazis sei die Tradition des Rechtsextremismus in Deutschland überwunden, so muß jetzt besonders beunruhigen, daß auch junge Menschen und Arbeitnehmer aus dem sozialdemokratischen Spektrum rechts wählen.

Trotz weitgehend vergleichbarer Politikansätze läßt sich das neue rechte Spektrum auch nicht ausschließlich auf Neonazis reduzieren. So erzielen die Republikaner ihre Wahlerfolge zum Teil auch damit, daß ihre Leitfigur sich wortreich von Hitlers Regime absetzt und sich bemüht, seiner Partei den Anstrich der Wohlanständigkeit zu verleihen. Aber die Mischung, aus der das Programm der Republikaner besteht, knüpft verdächtig an altes rechtsextremes Gedankengut an: Asylantenhetze, Ausländer-raus-Parolen, Appelle an Sauberkeit und Ordnung erinnern fatal an braune Propaganda. Die Aufgabenzuweisung an Gewerkschaften hat mit der Funktion freier Gewerkschaften in einer Demokratie nichts gemein und antidemokratische Tendenzen prägen programmatische Aussagen und praktisches Verhalten.

Das Gedankengut neuer rechtsextremer Parteien ist unvereinbar mit Grundwerten und Zielen der Gewerkschaften.

160

Es zielt auf die Zersetzung humaner und demokratischer Strukturen und muß deshalb von allen demokratischen Kräften politisch bekämpft werden. Parteitaktische Überlegungen müssen zurückgestellt werden, wenn es um die demokratische Substanz unserer Gesellschaft geht.

Rechtsextreme Parteien dürfen nicht gesellschaftsfähig werden. Was wir brauchen, ist eine aktive Aufklärung über den Rechtsextremismus, über seine Folgen in der Vergangenheit und seine Gefahren für die Zukunft.

In der Auseinandersetzung mit neuen rechtsextremen Trends gilt es, deshalb auch zwischen den Parteien und ihren Sympathisanten, zwischen überzeugten Neonazis und Denkzettelwählern sorgfältig zu unterscheiden.

Oberstes Gebot sollte es sein, diejenigen zurückzugewinnen, die auf der Suche nach glaubwürdigen Alternativen zur herrschenden Politik auf der falschen Seite gelandet sind. Deshalb müssen wir uns mit besonderer Sensibilität mit den Ursachen für den Zulauf zu rechten Parteien auseinandersetzen.

Führende Vertreter der CSU und CDU haben Vorurteile gegen Arbeitslose verbreitet und Ausländerfeindlichkeit und Asylantenhetze mitgeschürt. Auch der Bundeskanzler hat mit peinlichen Vergleichen und Symbolen und mit seinem Standpunkt in der Historikerdebatte dazu beigetragen, die Ideen der Rechten wieder hoffähig zu machen.

Gleichzeitig hat die unsoziale Politik der Bundesregierung den Nährboden für Neid und Wohlstandschauvinismus bereitet.

Doch auch wir müssen prüfen, ob wir Veränderungen in den Werthaltungen einseitig wahrgenommen haben, ob wir auf Protest und Provokation, auf Ängste vor Abwertung, Ausweglosigkeit und Deklassierung zu wenig sensibel reagiert haben, ob wir mit dem moralischen Zeigefinger die Sorgen und Nöte dieser Menschen aus unserem Gesichtsfeld verbannt hatten.

Mit den einfachen Rezepten des Rechtsextremismus sind Massenarbeitslosigkeit, Wohnungsnot, Strukturkrisen und Umweltkatastrophen nicht zu beseitigen. Wer glaubt, ein

Land mit einem so hohen Exportanteil wie die Bundesrepublik sei mit Parolen wie »Deutschland den Deutschen« erfolgreich voranzubringen, leidet unter einem gefährlichen Realitätsverlust.

Auch die Konflikte, die in einer ausdifferenzierten Gesellschaft unter Menschen verschiedener Kultur und Werthaltungen entstehen, lassen sich mit Vorurteilen und Ressentiments nicht lösen.

Die Welt wird immer komplexer, die Zusammenhänge werden immer schwerer durchschaubar. Wer verantwortungsbewußt handelt, kann sie nicht einfach leugnen, sondern muß Konzepte entwickeln, die der Vielschichtigkeit von Problemen und Interessen gerecht werden.

Deshalb sollten wir auf Information und Aufklärung, auf sachliche Austragung von gegensätzlichen Interessen, auf Diskussion und Überzeugungskraft setzen.

Lübecker Erklärung zum Rechtsextremismus

Der Hauptvorstand der Gewerkschaft Öffentliche Dienste, Transport und Verkehr (ÖTV) hat am 9. Juni 1989 in Lübeck zu Umtrieben von Parteien und Organisationen im rechten Spektrum Stellung bezogen und dazu aufgerufen, »diejenigen zurückzugewinnen, die auf der Suche nach glaubwürdigen Alternativen zur herrschenden Politik die falsche Richtung eingeschlagen haben«. Nicht jeder Protestwähler sei Neonazi oder rechtsextrem.

Nachstehend veröffentlichen wir die vom Hauptvorstand einstimmig verabschiedete »Lübecker Erklärung« im Wortlaut:

Mit großer Sorge betrachtet der Hauptvorstand die Umtriebe von Parteien und Organisationen im rechten Spektrum. Neonazistische Organisationen wie die DVU, die DVU-Liste D, die FAP und die NPD agitieren zum Teil mit gleicher rechtsextremer Wortwahl wie die »Republikaner« für ähnliche politische Ziele.

Die Gewerkschaft ÖTV wendet sich mit Nachdruck dagegen, soziale Probleme zum Schüren von Vorurteilen gegen Ausländer, Aussiedler und Asylanten zu mißbrauchen. Mit gleicher Entschiedenheit wendet sich die Gewerkschaft ÖTV gegen antidemokratische Tendenzen und Stimmungsmache gegen Völkerverständigung und den Ausbau freundschaftlicher Beziehungen nach West und Ost.

Nationalismus, Abwertung fremder Kulturen, Ausgrenzung von Minderheiten und alle Formen des Chauvinismus stoßen auf den entschiedenen Widerstand der Gewerkschaft ÖTV. Mit den einfachen Parolen des neuen Rechtsextremis-

mus lassen sich die Ursachen sozialer Probleme wie Arbeitslosigkeit und Wohnungsnot nicht beseitigen.

Verbote und Unvereinbarkeitsbeschlüsse für neonazistische
Parteien sind das letzte Mittel, um die Demokratie zu schützen und die Unvereinbarkeit dieser Parteien mit gewerkschaftlichen Zielen deutlich zu machen. Gleichwohl kann
dem Übel des Neonazismus und Rechtsextremismus nur
mit differenziertem Vorgehen Einhalt geboten werden.

Im Sinne fundamentaler Grundwerte freier Gewerkschaften
bekräftigt der Hauptvorstand die Entschlossenheit der Gewerkschaft ÖTV, sich jederzeit offensiv für Demokratie, soziale Gerechtigkeit und Toleranz einzusetzen.

Das bedeutet, die politische Auseinandersetzung mit der
rechten Ideologie und reaktionärem Gedankengut zu führen und aktive Aufklärung über die Gefahren des Rechtsextremismus und Nationalismus zu betreiben. Nicht jeder
Protestwähler ist Neonazi oder rechtsextrem. Es gilt deshalb, die Ursachen für veränderte Werthaltungen, für
Ängste vor Ausweglosigkeit und Deklassierung aufzuspü-
ren und zu beseitigen und diejenigen zurückzugewinnen, die
auf der Suche nach glaubwürdigen Alternativen zur herrschenden Politik die falsche Richtung eingeschlagen haben.

Neuer Nationalismus und politischer Extremismus sind
Herausforderungen für alle Demokraten, auch für die Gewerkschaft ÖTV.

Im Umgang damit gilt für die Gewerkschaft ÖTV:

● Die politische Auseinandersetzung mit dem Rechtsextremismus ist zu verstärken.

Gegen Fremdenhaß, Intoleranz und nationale Arroganz
setzen wir vermehrte Information, Aufklärung, Verstän-
digung und Zusammenarbeit zwischen Nationen und
Kulturen.

● Aktionsformen gegen Rechtsextremismus müssen dem
Ziel dienen, diejenigen zu gewinnen, die keine Neonazis
sind und nach Ventilen für ihren Protest suchen. Über-
reaktionen bergen die Gefahr, den Rechtsextremisten
Sympathisanten zuzutreiben und ihre Feindbilder bestä-

tigen. Alte Antifaschismuspositionen müssen überprüft
und um neue Ansätze der Auseinandersetzung mit dem
Rechtsextremismus ergänzt werden.

● Die Ursachen für politischen Protest müssen themati-
siert und beseitigt werden: vor allem soziale Bedrohungen wie Wohnungsnot, Massenarbeitslosigkeit, Sorgen
um die soziale Sicherheit, Angst vor Arbeitsplatzverlust
und Abstieg.

● Ändern muß sich auch die politische Kultur, der Umgang von Parteien und gesellschaftlichen Organisationen miteinander und mit der Öffentlichkeit: Offenheit
gegenüber Kritik, Aufgeschlossenheit gegenüber Veränderungen und Reformen, Unnachsichtigkeit bei der
Aufklärung politischer Skandale sind dafür wichtige
Voraussetzungen.

HERMANN RAPPE
VORSITZENDER DER IG CHEMIE-PAPIER-KERAMIK

Überzeugende Politik offensiv vertreten

Hermann Rappe, Vorsitzender der IG Chemie-Papier-Keramik, kündigte im Juni 1989 vor dem Beirat, dem höchsten Beschlußgremium der IG Chemie zwischen den Gewerkschaftstagen, einen verschärften Kampf gegen den Rechtsradikalismus an:

Die IG Chemie-Papier-Keramik setzt sich offensiv mit dem Rechtsradikalismus auseinander. Wir fordern die Gremien unserer Gewerkschaft auf, zielstrebig Gespräche und Diskussionen mit den Arbeitnehmern zu suchen, die Grundannahmen rechtsradikaler Politik für diskussionswürdig halten. Am Arbeitsplatz, im Bekannten- und Freundeskreis muß über die Zielsetzung der Rechtsradikalen aufgeklärt werden. Hier sind unsere Funktionäre besonders gefordert. Oberflächliches Übertünchen hilft nicht weiter. Die Auseinandersetzung muß mit Argumenten geführt werden.

Notwendig waren schon seit langer Zeit und sind es heute um so mehr:

● Initiativen zur Bekämpfung der Arbeitslosigkeit. Vorschläge dazu und auch für die finanzwirtschaftliche Verwirklichung solcher Programme gibt es genügend.

● Gezielte Bekämpfung der Wohnungsnot. Der soziale Wohnungsbau muß wieder gezielt gefördert werden; nicht nur in personenbezogenen Programmen sondern für alle.

● Umfassende Weiterbildung. Dazu gehören berufliche Qualifikationen, politische Jugend- und Erwachsenen-

166

bildung und überzeugende Maßnahmen zur Verbesserung der Lage an den Hochschulen.

● Eine glaubwürdige Europapolitik. Die Entwicklungschancen des Industriestandortes Bundesrepublik müssen in der Europäischen Gemeinschaft überzeugend vorangetrieben werden.

Dem schamlosen Ausnutzen sozialer Ängste um Arbeits- und Ausbildungsplätze, Wohnraum und Renten, verbunden mit dumpfen Parolen gegen Ausländer und Aussiedler, muß eine konsequente Arbeitsmarkt- und Wohnungsbaupolitik entgegengestellt werden. Die demokratischen Parteien der Bundesrepublik sind aufgerufen, hier ihren Handlungswillen und ihre Handlungsfähigkeit zu beweisen. Der einzelne Bürger verlangt überzeugende Lösungen. Ihre Umsetzung muß nachvollziehbar und überschaubar sein.

Rechts- wie linksradikale Politik ist mit den geistigen, sozialen und politischen Grundlagen unserer Gewerkschaft nicht vereinbar. Es waren die politischen und geistigen Väter der »Republikaner«, NPD oder DVU, die 1933 die freien Gewerkschaften zerschlugen und ein menschenverachtendes Terrorregime errichtet, das zum Untergang des Deutschen Reiches und zu millionenfachem Leid führte. Darum kann heute kein Gewerkschaftsmitglied diese rechtsradikalen Kräfte wählen.

Wir werden die Führungen der rechtsradikalen Parteien entschieden bekämpfen. Wir werden um jede Wählerin und jeden Wähler ringen. Jede Stimme für Rechtsradikale schadet unserem Heimatland und unserem Ansehen in der Welt. Die IG Chemie hat in der Vergangenheit jeden politischen Radikalismus bekämpft. Sie wird jetzt mit besonderer Klarheit und Schärfe den Kampf gegen den neuen Rechtsradikalismus aufnehmen.

Die IG Medien wird die »Republikaner« bekämpfen

Der Hauptvorstand der Industriegewerkschaft Medien hat am 19. Oktober 1989 einen Beschluß gefaßt, der sich mit der Auseinandersetzung mit den Republikanern beschäftigt. Der Beschluß hat folgenden Wortlaut:

● Programm, politische Aussage und Aktivitäten der »Republikaner« sind mit den Grundsätzen und Zielen der IG Medien, wie sie in der Satzung und den Beschlüssen des Gewerkschaftstages und des Hauptvorstandes Ausdruck gefunden haben, unvereinbar.

● Die »Republikaner« verharmlosen nationalsozialistische Verbrechen und verfolgen nationalistische und großdeutsche Ziele,

● bekämpfen Gleichberechtigung und Emanzipation der Frau,

● schüren Ausländerfeindlichkeit und Fremdenhaß,

● wollen Pressefreiheit beseitigen,

● wollen die Gewerkschaftsarbeit beschränken und die Tarifautonomie zerschlagen.

Die IG Medien wird deswegen zusammen mit dem DGB und den anderen Mitgliedsgewerkschaften des DGB und in Zusammenarbeit mit anderen demokratischen Organisationen die »Republikaner« und deren gefährliche und undemokratische Politik bekämpfen, sowohl durch öffentlichkeitswirksame Veranstaltungen als auch durch verstärkte Aufklärung im Rahmen der betrieblichen Arbeit und der Bildungsarbeit.

Gegenüber Mitgliedern und Anhängern der »Republikaner« in den Betrieben muß die politische Diskussion und Aufklärung im Vordergrund stehen. Wer jedoch aktiv für die Ziele der »Republikaner« eintritt, kann nicht Mitglied der IG Medien sein.

Beschluß zur Partei »Die Republikaner«

Die Programme und Grundsätze der GEW und der Partei »Die Republikaner« sind miteinander nicht zu vereinbaren.

Die GEW unterstützt den Aufruf des DGB zu einem Aktionsbündnis gegen die Partei »Die Republikaner« und fordert alle Untergliederungen auf, sich mit den wachsenden Rechtstendenzen in der Gesellschaft auseinanderzusetzen. Die Funktionäre und Mitglieder werden vor allem durch örtliche Aktivitäten einen eigenständigen Beitrag dazu leisten. Darin werden sie vom Hauptvorstand unterstützt.

Die GEW beteiligt sich an der öffentlichen Auseinandersetzung über Ziele und Absichten rechtsextremer Parteien und Gruppierungen und stellt hierzu Informationsmaterialien und Unterrichtseinheiten zur Verfügung.

Die GEW bietet auf allen Ebenen Fortbildungen zur Schulung des Umgangs mit rechtsradikal auftretenden KollegInnen, SchülerInnen, Jugendlichen und StudentInnen an.

Initiativantrag 1:
Zu der Auseinandersetzung
mit den »Republikanern«

Der 13. ordentliche Gewerkschaftstag bekräftigt, daß die
Mitgliedschaft in neofaschistischen und rechtsextremistischen Organisationen und Parteien oder deren sonstige aktive Unterstützung mit der Mitgliedschaft in der GHK unvereinbar ist. Dies gilt – neben Parteien und Organisationen
wie zum Beispiel der NPD, DVU, NF und FAP – auch für
die Partei »Die Republikaner«.

Mit dieser Entscheidung will die GHK ein eindeutiges politisches Signal setzen und allen Tendenzen einer schleichen-
den Gewöhnung an die Existenz der Partei »Die Republikaner« und deren Verharmlosung als »Normalisierung der
Parteienlandschaft« entgegentreten. In der Auseinandersetzung mit den Anhängerinnen und Anhängern dieser Partei
geht es vor allem darum, diese für gewerkschaftliche
Grundüberzeugungen zu gewinnen und vom antidemokratischen und rechtsextremistischen Charakter der »Republikaner« zu überzeugen. Die politische Diskussion und Aufklärungsarbeit muß daher im Vordergrund stehen. Die Ein-
leitung satzungsrechtlicher Schritte kommt nur nach Ausschöpfung aller sonstigen Möglichkeiten in Frage.

Der politischen Auseinandersetzung kommt deshalb besondere Bedeutung zu, weil es den »Republikanern« mit dema-
gogischen Parolen und einer geschickten Verschleierung ihrer antidemokratischen und rechtsextremistischen Programmatik gelungen ist, bei den Wahlen der letzten Monate
über das rechtsextremistische und neofaschistische Wählerpotential der »ewig Unbelehrbaren« hinaus Wählerstimmen
und Unterstützung unzufriedener und verunsicherter Bürgerinnen und Bürger zu gewinnen.

Nach Auffassung der GHK ergeben das Programm, die mündlichen und schriftlichen Äußerungen und die politische Praxis der »Republikaner« eindeutig, daß diese Partei

- nationalsozialistische Verbrechen verharmlost,

- nationalistische und »großdeutsche« Ziele verfolgt,

- Ausländerfeindlichkeit und Fremdenhaß schürt,

- die Gleichberechtigung und Emanzipation der Frauen bekämpft,

- die Pressefreiheit und sonstige demokratische Grundrechte einschränken und

- die Gewerkschaftsfreiheit und die Tarifautonomie zerschlagen will.

Wenn auf allen Ebenen dieser Partei ehemalige Mitglieder der NPD und sonstige Rechtsextremisten Ämter bekleiden und wenn verschiedene Funktionäre in kriminelle Machenschaften und Unterschriftsfälschungen bei Wahlen verstrickt sind, unterstreicht dies zusätzlich den nationalistischen, antidemokratischen und rechtsextremistischen Charakter der »Republikaner«.

Die Programmatik und politische Praxis der »Republikaner« sind daher mit den Grundsätzen, den Zielen und der Satzung der GHK nicht vereinbar. Die GHK hat in Übereinstimmung mit dem DGB aus den leidvollen Erfahrungen mit der Zerstörung der Weimarer Republik und der Zerschlagung der Gewerkschaften durch die nationalsozialistische Diktatur die Konsequenz gezogen, sich für die Einheitsgewerkschaft zu entscheiden und allen politischen Bestrebungen, die sich gegen den Bestand freier Gewerkschaften richten, eine eindeutige Absage zu erteilen. So heißt es im Grundsatzprogramm des DGB: »Freie und unabhängige Gewerkschaften sind eine Voraussetzung jeder demokratischen Gesellschaft. Die Gewerkschaften haben sich ihre Existenz, ihre Aktionsspielräume und ihre Rechte selbst erkämpft. Jeder Angriff auf ihre Autonomie und ihre Handlungsfreiheit ist zugleich ein Angriff auf die Grundlagen der Demokratie. Die Gewerkschaften verteidigen mit der Demokratie auch ihre eigene Lebensgrundlage.« Die

GHK hat sich in ihrer Satzung unter anderem dazu bekannt, »antidemokratische, nationalistische und militaristische Bestrebungen zu bekämpfen«.

Um den Einfluß der »Republikaner« wirkungsvoll zurückzudrängen, sind gewerkschaftliche Aktivitäten auf allen Ebenen erforderlich. Dabei kommt der Aufklärung über die Programmatik, die politischen Forderungen, die innerparteilichen Auseinandersetzungen und die personelle Zusammensetzung der »Republikaner« eine besondere Bedeutung zu. Neben klaren Stellungnahmen in der politischen Öffentlichkeit müssen in erster Linie die Gewerkschaftspresse und die gewerkschaftliche Bildungsarbeit ihren Beitrag zur Auseinandersetzung mit der Ideologie und der Praxis der »Republikaner« leisten.

Die Funktionäre und Mitglieder der GHK werden den Aufruf des DGB zu einem Aktionsbündnis gegen die Partei »Die Republikaner« unterstützen und vor allem durch örtliche Aktivitäten einen eigenständigen Beitrag dazu leisten.

Die Betriebsräte und Vertrauensleute müssen sich dafür einsetzen, daß rechtsextremistische, neofaschistische und ausländerfeindliche Parolen in den Betrieben keine Chance haben. Jede Form der Diskriminierung ausländischer Kolleginnen und Kollegen in den Betrieben ist zu unterbinden.

Gerade auf betrieblicher Ebene kommt es darauf an, Kolleginnen und Kollegen, die aus Protest oder Unzufriedenheit die »Republikaner« in der einen oder anderen Form unterstützen, in Gesprächen, auf Betriebsversammlungen oder auf gewerkschaftlichen Veranstaltungen über den Charakter dieser Partei aufzuklären und für die sozial- und ausländerpolitischen Vorstellungen der GHK zu gewinnen.

Literaturverzeichnis

1. Übersichtsdarstellungen

Dudek, Peter; Jaschke, Hans-Gerd: Entstehung und Entwicklung des Rechtsextremismus in der Bundesrepublik. Zur Tradition einer besonderen politischen Kultur, Bd. 1. Bd. 2: Dokumente und Materialien. Opladen: Westdeutscher Verlag 1984

Dudek, Peter: Jugendliche Rechtsextremisten. Zwischen Hakenkreuz und Odalsrune 1945 bis heute. Köln: Bund-Verlag 1985

Feit, Margret: Die »Neue Rechte« in der Bundesrepublik. Organisation – Ideologie – Strategie. Frankfurt a. M./New York: Campus Verlag 1987

Heitmeyer, Wilhelm: Rechtsextremistische Orientierungen bei Jugendlichen. Empirische Ergebnisse und Erklärungsmuster einer Untersuchung zur politischen Sozialisation. Weinheim/München: Juventa Verlag 1987

Hirsch, Kurt: Rechts von der Union. Personen, Organisationen, Parteien seit 1945. Ein Lexikon. München: Knesebeck & Schuler 1989

Jäger, Siegfried (Hrsg.): Rechtsdruck. Die Presse der Neuen Rechten. Bonn: Verlag J. H. W. Dietz Nachf. 1988

Kirfel, Martina; Oswalt, Walter (Hrsg.): Die Rückkehr der Führer. Modernisierter Rechtsradikalismus in Westeuropa. Wien/Zürich: Europa Verlag 1989

Müller-Hohagen, Jürgen: Verleugnet, verdrängt, verschwiegen. Die seelischen Auswirkungen der Nazizeit. München: Kösel-Verlag 1988

Stöss, Richard: Die extreme Rechte in der Bundesrepublik. Entwicklung – Ursachen – Gegenmaßnahmen. Opladen: Westdeutscher Verlag 1989

Wir sollten wieder: 5 Millionen Deutsche: »Wir sollten wieder einen Führer haben . . .« Die SINUS-Studie über rechtsextremistische Einstellungen bei den Deutschen. Reinbek bei Hamburg: Rowohlt Taschenbuch Verlag 1981

Zaleshoff, Andreas P.: Der zweite Frühling der NPD. Anmerkungen zum

Wiedererstarken einer fast totgeglaubten Partei und zu den Möglichkeiten antifaschistischer Strategien in der Bundesrepublik der achtziger Jahre. Hrsgg. v. d. Neofaschismuskommission VVN/Bund der
Antifaschisten/Niedersachsen. Hannover: Hrsg. 1989 (Neofaschismus unter der Lupe 2)

2. Die Republikaner

Argumente: Argumente gegen REPs & Co. Hrsgg. v. Bundesvorstand DIE
GRÜNEN. Bonn: Hrsg. 1989

Christlich Demokratische Union Deutschlands (CDU): Die REP. Analyse
und politische Bewertung einer rechtsradikalen Partei. In: Union in
Deutschland, Nr. 17. Bonn: Union Betriebs GmbH 1989

Christlich-Soziale Union (CSU) : Republikaner auf Radikalkurs. Hektogr.
Ms. 1. 6. 1989. München: CSU-Landesleitung, CSU-Generalsekretär Erwin Huber 1989

Funke, Hajo: »Republikaner«. Rassismus, Judenfeindschaft, nationaler
Größenwahn. Zu den Potentialen der Rechtsextremen am Beispiel
der »Republikaner«. Berlin: Aktion Sühnezeichen Friedensdienste
e. V. 1989

Glotz, Peter: Die deutsche Rechte: Eine Streitschrift. Stuttgart: Deutsche
Verlags-Anstalt 1989

Hellfeld, Matthias von (Hrsg.): Dem Haß keine Chance. Der neue rechte
Fundamentalismus. Köln: Pahl-Rugenstein Verlag 1989

Hirsch, Kurt; Sarkowicz, Hans: Schönhuber. Der Politiker und seine Kreise. Mit einem Beitrag von Thomas Assheuer über die »Ideologischen
Brücken nach rechts«. Frankfurt a. M.: Eichborn Verlag 1989

Kellershohn, Helmut: Der völkische Nationalismus der Republikaner.
Ideologie und Programmatik. Duisburg: Duisburger Institut für
Sprach- und Sozialforschung 1989 (DISS-Texte, Nr. 8)

Kliche, Alexandra: Nichts wie weg! Warum ich die Republikaner verlassen
habe. o. O.: Wilhelm Goldmann Verlag 1989

Leggewie, Claus: Die Republikaner. Phantombild der Neuen Rechten. Mit
Reportagen aus Bayern, Berlin und Köln von Ulrich Chaussy, Volker Hartel und Volker A. Zahn. Berlin: Rotbuch Verlag 1989

Lepszy, Norbert: Die Republikaner. Ideologie – Programm – Organisation. In: Aus Politik und Zeitgeschichte. Beilage zur Wochenzeitung
»Das Parlament«, B 41–42, S. 3–9. Bonn: Bundeszentrale für politische Bildung 1989

Liberale contra Republikaner: »Liberale contra Republikaner: Argumente
statt Demagogie«. Eine Studie der FDP-Bundesgeschäftsstelle,
hrsgg. v. Cornelia Schmalz-Jacobsen, Generalsekretärin der FDP.
Bonn: Bundesgeschäftsstelle der FDP o. J. ‹1989›

Miskiewicz, Peter: »Hier wispern nicht Greise . . .«. Die Republikaner –
eine »neue Kraft für Deutschland«. In: Siegfried Jäger (Hrsg.),
Rechtsdruck. Die Presse der Neuen Rechten, S. 221–252. Bonn: Verlag J. H. W. Dietz Nachf. 1988

Müller, Emil-Peter: Republikaner und Grüne – zwischen Ideologie und
Protest. Hrsgg. v. Institut der deutschen Wirtschaft. Köln: Deutscher
Instituts-Verlag 1989 (Beiträge zur Gesellschafts- und Bildungspoli-
tik 146)

Müller, Leo A.: Republikaner, NPD, DVU, Liste D. . . . Göttingen: Lamuv Verlag 1989 (Lamuv Taschenbuch 63)

Paul, Gerhard: Republik und »Republikaner«. Vergangenheit, die nicht
vergehen will?. In: Gerhard Paul (Hrsg.), Hitlers Schatten verblaßt.
Die Normalisierung des Rechtsextremismus, S. 134–163. Bonn: Verlag J. H. W. Dietz Nachf. 1989

Rechtsextremismus: Rechtsextremismus – Mit alten Rezepten zu neuen
Ufern. In: Gewerkschaftliche Monatshefte, 40. Jg., H. 9. Köln:
Bund-Verlag 1989

Republikaner: »Die Republikaner« – eine rechte Partei im Aufwind? Erste
Analysen und Positionen. Redaktion: Wolfgang Uellenberg. Düsseldorf: DGB-Bundesvorstand o. J. ‹1989› (Rechtsextremismus. Materialien zur gewerkschaftlichen Bildungsarbeit)

Roth, Dieter: Sind die Republikaner die fünfte Partei? Sozial- und Mei-
nungsstruktur der Wähler der Republikaner. In: Aus Politik und
Zeitgeschichte. Beilage zur Wochenzeitung »Das Parlament«, B 41-
42, S. 10–20, Bonn: Bundeszentrale für politische Bildung 1989

Schönhuber, Franz: Ich war dabei, München/Wien: Albert Langen –
Georg Müller Verlag 1981

Schönhuber, Franz: Freunde in der Not. München/Wien: Albert Langen –
Georg Müller Verlag 1983

Sozialdemokratische Partei Deutschlands (SPD): Offensives SPD-Profil,
keine Sonderangebote! Empfehlungen für die Auseinandersetzung
mit der extremen Rechten. In: intern. Informationsdienst der SPD,
Nr. 17 v. 3. 11., S. 7–11. Bonn: SPD-Parteivorstand 1989

Weder verharmlosen noch dämonisieren: »Weder verharmlosen noch dämonisieren«. Sozialwissenschaftliche Befunde über die Wählerschaft
rechtsextremer Gruppierungen und die politischen und gesellschaftlichen Bedingungen des parlamentarischen Aufkommens der Partei.
»Die Republikaner«. Bonn: Sozialdemokratische Partei Deutschlands, Parteivorstand 1989 (intern. Informationsdienst der SPD)

Wiesner, Joachim: Der Durchbruch der »Republikaner«. Steht die Bundesrepublik vor einem Wandel ihres Regierungssystems? In: Liberal,
31. Jg., H. 3. S. 73–97. Sankt Augustin: COMDOK-Verlagsabtei-
lung 1989

3. Gegenmaßnahmen

Hafeneger, Benno; Paul, Gerhard; Schoßig, Bernhard (Hrsg.): Dem Faschismus das Wasser abgraben. Zur Auseinandersetzung mit dem Rechtsradikalismus. München: Juventa Verlag 1981

Posselt, Ralf-Erik; Schumacher, Klaus: Projektehandbuch Rechtsextremismus. Handlungsorientierte Gegenstrategien und offensive, ausländerfreundliche Auseinandersetzungsformen mit rechtsextremistischen und rassistischen Tendenzen in der Jugendszene. Eine Sammlung von Ideen, Aktionen, Projekten, Argumenten und Beispielen aus der (offenen) Jugendarbeit. Schwerte: Amt für Jugendarbeit der Evangelischen Kirche von Westfalen 1989

Rajewsky, Christiane; Schmitz, Adelheid: Nationalsozialismus und Neonazismus. Ein Reader für Jugendarbeit und Schule. Düsseldorf: Fachhochschule Düsseldorf 1988

Wider das Vergessen: Wider das Vergessen. Antifaschistische Erziehung in der Schule. Erfahrungen, Projekte, Anregungen. Hrsgg. v. d. GEW Berlin. Frankfurt a. M.: Fischer Taschenbuch Verlag 1981

Politik und Zeitgeschehen

Udo Achten (Hrsg.)
»Wenn Ihr nur einig seid!«
Texte, Bilder und Lieder
zum 1. Mai
Mit 20 Vierfarbtafeln

Heinrich Epskamp u. a. (Hrsg.)
**Die neokonservative Verheißung
und ihr Preis**
Zukunft der Arbeit und
der Gewerkschaften

Martin Frey, Paul Schobel
Konflikt um den Sonntag
Der Fall IBM und die Folgen

**Michael Helms
immerwährender Kalender
für Zivilcourage**
Mit 28 Radierungen
von Michael Helm

Rudolf Hickel, Jan Priewe
**Finanzpolitik für
Arbeit und Umwelt**

Jürgen Hoffmann u. a. (Hrsg.)
Jenseits der Beschlußlage
Gewerkschaft als
Zukunftswerkstatt
Vorwort: Ilse Brusis

IG Metall (Hrsg.)
**Wofür wir streiten –
Solidarität und Freiheit**
Internationaler Zukunftskongreß
1988
Die Ergebnisse dokumentiert dieser
Tagungsband

Juso-Landesverband NRW (Hrsg.)
Was uns die Jugend zu sagen hat
Ein Entwurf für die neunziger
Jahre
Mit einem Nachwort von
Bodo Hombach

*Oskar Negt, Christine Morgenroth,
Heiko Geiling, Edzard Niemeyer*
**Emanzipationsinteressen
und Organisationsphantasie**
Eine ungenutzte Wirklichkeit der
Gewerkschaften?
Zur Erweiterung sozialkultureller
Handlungsfelder am Beispiel der
DGB-Ortskartelle

Yvonne Kejcz
Werkstatt der Solidarität
Das WERK in Stuttgart –
Ein Modell stadtteilbezogener
gewerkschaftlicher Kulturarbeit
Vorwort: Lothar Zimmermann.
Mit zahlreichen Abbildungen

Klaus Schomacker u. a.
**Alternative Produktion statt
Rüstung**
Gewerkschaftliche Initiativen
für sinnvolle Arbeit
und sozialnützliche Produkte

Hermann Weber
**Kommunistische Bewegung und
realsozialistischer Staat**
Beiträge zum deutschen und
internationalen Kommunismus
Ausgewählt, herausgegeben und
eingeleitet von Werner Müller

Bund-Verlag